Tempo do Direito Alternativo

UMA FUNDAMENTAÇÃO SUBSTANTIVA

S728t   Souto, Cláudio
        Tempo do Direito Alternativo: uma fundamenta-
        ção substantiva / Cláudio Souto. — Porto Alegre:
        Livraria do Advogado, 1997.
        156 p.; 14 x 21 cm.
        ISBN   85-7348-031-9

        1. Teoria do Direito. 2. Direito Alternativo. 3. So-
        ciologia jurídica. 4. Dogmática jurídica. I. Título.

                                            CDU 340

        Índices para catálogo sistemático

        Direito Alternativo
        Dogmática jurídica
        Sociologia jurídica
        Teoria do Direito

(Bibliotecária responsável: Marta Roberto, CRB 10/652)

CLÁUDIO SOUTO

Tempo do Direito Alternativo

UMA FUNDAMENTAÇÃO SUBSTANTIVA

livraria
DO ADVOGADO
editora

Porto Alegre
1997

© Cláudio Souto, 1997

Capa, projeto gráfico e diagramação de
Livraria do Advogado / Valmor Bortoloti

Revisão de
Rosane Marques Borba

Direitos desta edição reservados por
Livraria do Advogado Ltda.
Rua Riachuelo, 1338
90010-273 Porto Alegre RS
Fone/fax: (051) 225 3311
E-mail: liv_adv@portoweb.com.br
Internet: http://www.liv-advogado.com.br

Impresso no Brasil / Printed in Brazil

*Para o mano Roberto, o Lyra Filho,
em memória de uma longa e
fraternal correspondência.*

*Também para Katie, Edmundo,
Amílton e Portanova.*

Sumário

Apresentação 9

Capítulo I
Ciência do Direito e Filosofia Jurídica no limiar do terceiro milênio: para além de um pré-iluminismo? 13
1.1. O foro e o saber generalizante de alta abrangência 15
1.2. A sujeição pré-iluminista do mundo acadêmico ao formalismo forense ou social 16
1.3. Ciência social e ciência social do direito na transição para o terceiro milênio: a denúncia científico-racional dos fatores de desequilíbrio 19
1.4 Conclusão 23

Capítulo II
Modernidade e pós-modernidade científicas quanto ao Direito . 25
2.1. Pós-modernidade científica e pós-modernidade artística . 27
2.2. Modernidade e pré-modernidade na ciência do direito . . 31
2.3. Buscando recuperar o tempo perdido: rumo à modernidade e à pós-modernidade de conteúdo quanto ao Direito . . . 37

Capítulo III
Regras da metodologia sociológica, direito, abrangência teórica: um século depois 51
3.1. Cem anos de modernidade metodológica em Sociologia. E uma pós-modernidade científica? 53
3.2. O fato social como fato normativo e o fato normativo jurídico: rumo a uma maior abrangência teórica 59
3.3. O mental e o social: tentando-se ir para além de Durkheim, mas através dele 65

Capítulo IV
Moral legal, moral social e racionalidade científico-social objetiva: um uso alternativo na prática forense 75

4.1. A normatividade estatal como agente de conservadorismo e de mudança 77

4.2. Moral legal e moral social: uma possível antinomia a resolver 79

4.3. Para além de formalismos estatais ou sociológicos: em busca de uma racionalidade científico-social objetiva para a decisão jurídica 81

4.4. O Ministério Público como *custos legis, custos societatis* e *custos juris*: o exemplo do crime por vingança 84

Capítulo V
Direito alternativo: em busca de sua teoria sociológica 89

5.1. Direito alternativo: expressão recente de uma idéia antiga e generosa 91

5.2. O que é direito alternativo? Como tentar uma maior precisão para seu conceito? 96

5.3. Pluralismo e unicidade quanto ao direito e quanto ao direito alternativo 108

5.4. Alternatividade jurídica e ideologia 113

5.5. "Domesticando" o ideológico no Direito Alternativo: a substituição de "igualdade" por "semelhança", rumo a uma perspectiva causal 117

5.6. Conclusões para uma prática jurídica alternativa 131

Apêndice
"Abordagens críticas e estudos sociolegais: que vínculos?" Sugerindo mais objetividade 139

Bibliografia 147

Apresentação

A chamada Dogmática Jurídica é considerada, majoritariamente, entre os juristas, como o ramo mais importante do conhecimento do direito: seria como que a ciência jurídica propriamente dita. Esse saber admite, pelo menos em parte, algo indiscutível, já que pertine, de modo básico, à lei, e esta é tida, em princípio e por princípio, como objeto de estudo formal e de interpretação, não de contestação. No máximo são feitas às vezes propostas *de lege ferenda* (propostas para a feitura de novas leis).

No plano da prática jurídica e administrativa, cabe, decerto, *em geral*, o princípio do acatamento às leis, para a própria segurança de direitos humanos universalmente declarados. Mas, no plano do conhecimento jurídico, nada pode haver de indiscutível, pois não há saber científico que se possa pretender uma verdade absoluta.

Assim sendo, o setor mais usual do conhecimento jurídico está, no tempo, claramente antedatado, porque se situa para aquém do Iluminismo do século XVIII (este já claramente contestatório da mera autoridade religiosa ou laica). Seu conteúdo é pré-iluminista no que tenha de dogmático ou indiscutível, embora se exponha em linguagem moderna: modernidade esta, de forma, não de conteúdo, pois o que não se discute (ainda que parcialmente) e modernidade do saber são incompatíveis.

As clássicas palavras de Julius von Kirchmann ressoaram quase que em vão aos ouvidos dos dogmáticos do direito de ontem e de hoje, quando alertava ele sobre o desvalor da Jurisprudência como ciência (*Die Wertlosigkeit der Jurisprudenz als Wissenschaft*, 1848). O apego tradicionalista ao passado, o conhecimento insuficiente da metodologia científica, a preferência pelo que é habitual, o poder dos "interesses investidos", terão contribuído para essa desconsideração dogmática da advertência de von Kirchmann. Desse modo, desde que a maior parte dos juristas ouvindo, não ouviram, o tempo de conteúdo geral da maior parte do conhecimento do direito continuou a ser o tempo do passado pré-iluminista. E isso quando já se fala de uma pós-modernidade científica.

A perspectiva científico-social sobre o jurídico não é, contudo, inimiga da perspectiva formal a respeito dele: antes, são reciprocamente complementares, quando entendidas de maneira adequada, porque não há como opor um saber sobretudo formal a um saber sobretudo de conteúdo, pois que forma e conteúdo são indissociáveis no mundo real. A própria ciência empírica substantiva (aquela baseada na observação controlada dos fatos) se instrumentaliza de conhecimentos formais da Lógica e da Matemática.

Por outro lado, está ocorrendo um paradoxo no interior da própria ciência social do direito: geralmente crítica do formalismo dogmático, ela não se parece notar como formalista também, em sua maneira de conhecer. De fato, nos seus autores mais renomados, continua definindo o jurídico como fenômeno social sem indicar-lhe uma composição geral de conteúdo. Com isso, sua perspectiva se situa quase sempre em uma posição apenas descritiva de formas normativas grupais, passíveis de abrigar conteúdos nitidamente em contradição. E, com esse equívoco formalismo definitório, no máximo se chega ao correlacional, prejudicando-se a possibilidade de um causal-explicativo efetivamente substantivo (obtido por indução), de que se pudesse deduzir (e assim explicar) o menos genérico - seja este menos genérico proposicional ou fático.

E aqui, novamente, continua a ciência do direito - agora como ciência social - antedatada no tempo, ainda distante até de algo que correspondesse (de certo modo) a uma mera fase newtoniana de leis do espaço social e jurídico.

De outra parte, o fenômeno do direito - se entendido como implicando, necessariamente, seu conteúdo, racionalidade científica testável e sentimento de justeza - embora tenha existência real, não a tem como regulação fundamental da vida em sociedade. Essa regulação fundamental continua a situar-se nas leis estatais, quaisquer que sejam os seus conteúdos, porque a regulação básica das sociedades ditas civilizadas continua sendo a dos poderes econômico e/ou político a se instrumentalizarem do estatal.

Não admira que essas sociedades civilizadas não se organizem em benefício de todos. E que envolvam tantos excluídos, sobretudo nos países dependentes. E que, assim, o tempo social geral flua de modo lento e pesado, em clima de inquietude generalizada, eis que marcado, esse tempo, por dessemelhanças ainda profundas entre os estratos sociais de seu espaço. Pois, ao que tudo parece indicar, quanto maior a idéia de semelhança entre indivíduos e grupos sociais, menor a distância mental e social entre eles, maior a sua agradabilidade afetiva, e mais rápido lhes parecerá o decurso do tempo.

Haverá, portanto, defasagem no tempo do conhecimento jurídico, que se localiza basicamente em subserviência, consciente ou não, à pré-modernidade autoritativamente formal do estatal ou do social-grupal - sejam quais forem os conteúdos dos respectivos padrões. E haverá, também, tempo social geral em amplíssima desagradabilidade, pela prevalência do mero poder econômico e/ou político, continuando-se a viver, mesmo hoje, a selvagem lei do mais forte, em clima animalizadamente inquieto de competitividade e de conflito.

O direito alternativo, que tem intrinsecamente, por sua própria natureza alternativa, a vocação de ser algo desviante desse *status quo* cognitivo, estatal e grupal, procura ainda sua informação científica, para alcançar um máximo possível de objetividade e de eficácia. Igualmente procura cientificidade uma sociologia do direito alternativo. É preciso definir uma composição substantiva e geral do direito, para que se possa definir com menor imprecisão o direito alternativo (que será espécie do direito). É necessário construir proposições, se possível causais, sobre o social e o jurídico, seja o jurídico alternativa ao estatal ou ao grupal, ou lhes seja conteúdo.

A alternatividade à Justiça estatal do primeiro mundo é tímida, prática e teoricamente, correspondendo a uma realidade social menos dramática que a dos países periféricos - esta última contrastando com maior nitidez lei e justiça. Isso torna a alternatividade quanto ao direito problema existencialmente mais ligado ao terceiro mundo, e, assim, se tem ela afirmado com relevo na América Latina e, de modo especial, no Brasil, pela tradição de estudos jurídicos deste país.

O presente ensaio não é mais que uma tentativa de contribuição para uma ciência social do direito alternativo, ciência que nossa época começa a construir sobretudo no espaço-tempo brasileiro.

CAPÍTULO I

Ciência do Direito e Filosofia Jurídica no limiar do terceiro milênio: para além de um pré-iluminismo?

1.1. O foro e o saber generalizante de alta abrangência

O foro tem o seu saber específico (de que é uma técnica de aplicação judiciária de normas), e esse saber é dogmático, pois atua em função de um dogma: a lei. Em princípio, a lei e as regras mandadas aplicar por lei, não se discutem, se aplicam.

O choque entre essa postura dogmática, formalista (porque pouco lhe importaria, em princípio, o conteúdo da lei, por ser esta indiscutível) e saberes generalizantes altamente abrangentes (que vejam o direito como algo não necessariamente coincidente com a forma legal, que seria mera forma de expressão do poder) é anterior ao terceiro milênio e já é bastante claro em nossos dias.

Daí a freqüência já relativamente alta de decisões *praeter legem*, tomadas não em função da letra da lei, mas de fins sociais - que se dizem ser os da lei, mas que amiúde podem ser apenas contidos vagamente na legislação, e não no dispositivo formalmente pertinente. Daí existirem as próprias decisões ao arrepio da lei, *contra legem*, nem sempre confessadas com esse caráter contrário à lei (é fácil sempre dizê-las harmônicas com vagos princípios gerais da legislação), mas de fato contestatórias do poder cristalizado em forma legal e tomadas em nome implícito ou explícito de uma idéia-sentimento de justiça.

A posição dogmático-formalista é resíduo pré-iluminista[1] que tem a força do poder judicante no que

---

[1] Por "iluminismo" entende-se aqui aquela postura surgida sobretudo a partir do século XVIII ("século das luzes") que significou a reação da razão contra a mera autoridade, seja esta última laica ou religiosa (cf. Binetti, 1986: 605-606 e 610-611).

tenha este de rotina forense. Pouco pessoal e muitos processos reforçam, inclusive pela falta de tempo para um exame mais detido dos processos, essa rotina. Poder judicante rotineiramente legalista ou saber jurídico de alta abrangência - teórico-científico ou filosófico - iluminando a técnica do foro? Esse dilema vai-se aprofundar no terceiro milênio, às portas. Se o iluminismo já esclarece outros setores estratégicos da organização social, por que não haveria de chegar ao foro, no terceiro milênio, com força ideativa preponderante? Afinal, temos mil anos à nossa frente.

A transformação possível e até provável dificilmente se fará sem o concurso das instituições de ensino do Direito e dos juristas teóricos.

1.2. A sujeição pré-iluminista do mundo acadêmico ao formalismo forense ou social

No mundo jurídico acadêmico do segundo milênio, de uma maneira geral, considera-se realismo positivo uma perspectiva exclusiva ou quase exclusivamente hermenêutica em relação ao "direito posto" - isto é, em relação às regras postas pelo poder basicamente sob a forma de lei estatal (cf. Wolf, 1961: 741 e 743). Posições jusnaturalistas são consideradas românticas, antiquadas, vagas, inseguras, e desse modo quase totalmente sem curso no foro, onde domina com alta soberania o dogma legal.

Impera assim, vastamente, o *de lege lata* no foro e no mundo acadêmico que lhe é subserviente e que estuda e ensina sobretudo para a vida forense atual. O *de lege ferenda* ocorre, mas não é prevalente, refugiando-se em uma minoria de cultores práticos ou teóricos do jurídico de mente menos imediatista.

Mas a situação pré-iluminista dos estudos jurídicos não se limita ao legalismo dogmático, mas alcança a própria contestação desse legalismo - que é, dessa maneira, quase sempre ainda apenas antitética. Pois o ponto comum de convergência dos dogmáticos estatais e de seus críticos sociais é que se situam mentalmente em clima pré-iluminista de formalismo - num caso formalismo estatal, no outro social.

Na verdade, dizer que é direito o que o Estado - identificável, realisticamente, como o grupo dos homens do poder oficial - aceite como direito (seja qual for o conteúdo) é tão vaziamente formal quanto afirmar que é direito o que o grupo social aceite como direito (seja qual for o conteúdo). Num caso, ou noutro, trata-se de um formal que chega ao formalismo, porque não importa à caracterização do jurídico qual seja *o conteúdo* revestido de forma estatal ou grupal de aceitação. Esse conteúdo pode, assim, ser qualquer um. Apenas, o formalismo social, por ser mais abrangente (qualquer grupo social, e não somente o grupo social estatal, o caracterizaria), ilude mais quanto ao seu cru formalismo, dando a ilusão de alcançar um legítimo conteúdo.

O formalismo social repassa praticamente todos os Autores da Sociologia Jurídica, inclusive os mais recentes. Um olhar mais atento descobrirá, na verdade, que definições renomadas do direito como fato social, como as de Durkheim (1960: 27-34 e 205-209), Weber (1972: 17, 1960: 102), Ehrlich (1929: 399, *Vorrede* 8, 29-30, 130 e 405), Gurvitch (1960: 189 e 188-190), Luhmann (1983:105 e 104), e inúmeras outras, podem alcançar praticamente *qualquer conteúdo,* pois podem abranger conteúdos claramente contraditórios, e, assim, afirmam realmente muito pouco, além de que o direito seja um fenômeno social.

Nem mesmo um Cowan, apesar de falar de uma compensação de valores de pensamento por valores de sentimento no jurídico, chega a uma especificação definitória quanto ao direito (Cowan, 1958: 471, 467 e 473).

Ora, tanto o formalismo legal-dogmático, quanto o social-crítico, são pré-iluministas porque ambos fogem à questão de especificar conceitualmente uma composição do conteúdo mental ou social do direito. Ambos, em aparente impotência de saber a propósito de uma realidade que parece complexa e contraditória, se refugiam em perspectiva cognitiva realmente mais que formal, formalista, ainda quando mais abrangente, porque sócio-grupal.

Na verdade, dizer que o direito é fenômeno estatal, ou acrescentar que não é só estatal, mas social, e até antiestatal, é ainda muito pouco, porque enfim isso tudo quer significar que o direito é um fenômeno social, seja estatal ou não. A esse truísmo se limita quase sempre a caracterização essencial, que fazem de seu objeto a ciência e a filosofia jurídica atuais, com variações definitórias que não alcançam realmente um conteúdo geral real.

Imagine-se uma ciência química que afirmasse tão-só que a água é um composto químico. E ficasse despreocupada de sua composição. Poder-se-ia então confundir H_2O com H_2SO_4, já que ambos são compostos químicos. Que Química seria essa incapaz de definir conteúdos de compostos?

O direito é fenômeno social, mas outros fenômenos sociais não são direito. Afirmar que o direito é fenômeno social (estatal ou não) é perfeitamente análogo, em sua inespecificidade, a dizer que a água é um composto químico.

Uma ciência jurídica ou uma filosofia do direito com tal inespecificação, e, pois com tal vaguidade, podem chegar sem pejo a um terceiro milênio que provavelmente será cada vez mais iluministicamente crítico?

É preciso proclamar quanto antes que o rei está nu para que este possa cobrir-se. Cobrir-se de uma ciência menos imprecisa e portanto de uma filosofia menos vaga[2].

---

[2] Não se nega evidentemente que, sob influência do iluminismo, se tenham salientando separações conceituais, como aquela entre direito e moral (neste sentido, Coelho, 1987: 397). Mas essas separações, em seu caráter vago, são a rigor apenas pré-iluministas, já que o iluminismo se marca pelo gosto da

1.3. Ciência social e ciência social do direito na transição para o terceiro milênio: a denúncia científico-racional dos fatores de desequilíbrio

As ideologias e as filosofias da justiça, da liberdade e da igualdade procuram há séculos explicar os desequilíbrios sociais, visando-se à construção, pela prática, de sociedades harmonicamente coesas. Mas seu discurso tem sido vago e, desse modo, pouco apto a contribuir para deslocar os centros reais do poder econômico e político, que, ao contrário, retiram desse caráter vago a possibilidade do uso da bandeira liberal a serviço de seus interesses. Assim é que defrontamos com concepções que - em nome mesmo da justiça e de um liberalismo de pretensos resultados populares - têm legitimado aquele poder real de poucos.

Ora, seja qual for a ideologia contemporânea que tenha alcançado poder real, o equilíbrio da respectiva sociedade tem sido claramente instável, todas as nações vivendo permanentemente crises mais ou menos acentuadas, a nível nacional ou internacional. Exemplo marcante disso é a subitânea e fragorosa queda do chamado "socialismo real", e que é realmente a queda dos socialismos ditatoriais europeus. Ou os súbitos levantes de grupos sociais discriminados e empobrecidos em país que pretende ser o centro internacional da democracia política. Ou os crônicos conflitos armados internacionais passíveis de explicação acentuadamente econômica.

Portanto, se o objetivo prático é conseguir equilíbrio (coesão, integração) estável das sociedades contemporâneas, algo está evidentemente errado para que se obtenha tal objetivo. Porém, terá uma ciência social, e uma ciência social do direito, alguma resposta para isso, nestes últimos anos de transição para o terceiro milênio?

---

razão científica e, pois, pela precisão que seja possível, esperando ele a extensão do sucesso das ciências experimentais a todo o saber (cf. Binetti, 1986: 606).

Não se trata evidentemente de "engajar" a ciência empírica, o que teria como resultado uma ciência bem menos objetiva, por comprometer-se prévia e fortemente com uma ideologia; e, pois, com premissas na melhor das hipóteses duvidosas (do ponto de vista da testabilidade empírica controlada do conhecimento). Mas se trata de que, descrevendo e explicando a ciência empírica a realidade como ela parece ser, e podendo suas proposições estabelecerem não apenas correlações, mas conexões causais, pode-se querer ou não querer um resultado previsto cientificamente. Ora, essa opção ideológica não tem a possibilidade de perturbar a objetividade científica, simplesmente porque é ela feita depois da atividade da ciência.

Hierarquia, competição (luta pacífica) e conflito (luta) são processos sociais de afastamento no espaço sócio-interativo que podem, em determinadas circunstâncias, apenas prevenir afastamento ainda maior. Assim, a luta violenta da polícia contra criminosos pode prevenir a descoesão social maior que seria deixar os criminosos agirem sem controle. Porém não parece haver dúvida razoável de que, em si mesmos, hierarquia, competição e conflito são processos sempre de afastamento, porque explicáveis pela percepção de dessemelhança (preponderante) no respectivo espaço sócio-interativo. Dessa maneira, na medida em que diminuam as possibilidades de afastamento maior pela diminuição dos processos de afastamento social, aumentam as possibilidades de estes serem somente dissociativos.

Já a cooperação, ao contrário, é processo social sempre de aproximação no espaço social, sem qualquer restrição, pois é explicável pela idéia de semelhança (preponderante) no seu espaço sócio-interativo.

A ciência descreve e explica, não nos diz o que devemos querer. Mas se quisermos ideologicamente um equilíbrio (coesão, integração) social estável, a premissa para esse efeito, sabemo-lo cientificamente, não pode ser a ênfase em hierarquia, em competição e em conflito, pela razão simples de que são sempre processos de afastamento (descoesivos). Para aquele efeito (equilíbrio social estável), a ênfase terá de ser no processo de cooperação, que é sempre processo de aproximação (coesivo).

Eis por que ruíram as ditaduras socialistas européias, que puseram sua tônica em processos de hierarquização política e econômica (estatização enfática). Eis por que provavelmente também ruirá o capitalismo que acentua processos hierárquicos de poder econômico e se afirma especialmente baseado na competição, que é processo descoesivo. E não admira, teoricamente, que esses sistemas sociais tenham sido, em sua instabilidade, conflituosos e belicosos, aumentando com isso espaço à descoesão.

Teórico-cientificamente tudo parece muito claro: cooperação sempre aproxima; hierarquização, competição e conflito sempre afastam. Se se quer que preponderere a aproximação inter-humana, a ênfase terá de ser na cooperação. E não em hierarquias, competições e conflitos, ainda que esses últimos processos não pareçam elimináveis da nossa atual natureza humana que, evidentemente, não é angélica (para uma exposição mais detida, Souto, 1984: 34-36, 38-39, 48-52, 57-59; 1988: 103-128; 1990: 535-563).

Tudo parece indicar que e assinalável a diminuição em geral, ao longo da história, do autoritarismo. Assim, parece no mínimo possível, senão provável, que os próximos mil anos se encaminhem no sentido da suavização não só de hierarquias (que seriam, cada vez mais, grupais, e menos pessoais), como também de competições e de conflitos, com aumento concomitante de processos cooperativos. Se correspondeu à nossa época a violência nuclear contra o Japão, o ato permaneceu até agora isolado, e não há em nosso tempo impunidade da violência comparável à dos déspotas antigos. Nem é a violência de hoje tão ostensiva quanto a dos grande da antigüidade. É bem possível então que tal tendência não se inverta e que antes progrida no terceiro milênio, que pode prestigiar mais moralidade e intelectualidade e menos o puro poder econômico e/ou político[3]. Se uma ciência social menos imprecisa torna claro, com rigor metodológico, que hierarquização, competição e conflito são processos sociais em si mesmos descoesivos, uma ciência social do direito haverá de tentar definir menos formalmente (e portanto com menor imprecisão substantiva ou de conteúdo) o seu objeto. Deste modo, lhe será possível estabelecer proposições menos formais, e menos imprecisas quanto a conteúdo, sobre as relações entre direito e realidade social.

Se se quiser chamar de "direito" um fenômeno social que tenha o máximo possível de segurança de conteúdo (e que não disponha só da segurança altamente instável da força), parece evidente que seria ele aquele fenômeno informado do saber substantivo menos inseguro que se conhece, o científico-empírico (saber testável pela observação controlada dos fatos). Direito seria então a idéia de "justiça" informada científico-empiricamente. E uma definição menos imprecisa da "justiça" em si mesma seria aquela que a visse, realisticamente, tão-só como o sentimento de agradabilidade (sentimento do "dever ser") do homem normal - e atrás desse afetivo, como sua base, e como base do afetivo em geral, estaria o poderoso impulso animal de conservação do indivíduo e da espécie, o impulso de ser (para uma exposição menos sumária, Souto, 1992: 19-48).

---

[3] Reale observa analogamente que o espírito da Era Contemporânea "é de crescente sentido axiológico", pois sente o homem "todos os riscos de perder o valor supremo de seu *ser pessoal no Mundo.*" (Reale, 1991: 144). E Arnaud se refere à época pós-moderna como tempo de esperança, não de certeza, "pois o pesquisador é antes de tudo um cético": a esperança de melhoria das condições sociais de vida; época essa em que é preciso ver não apenas a influência da ética sobre o direito, mas a dos fatos (Arnaud, 1991: 248 e 229).

Ao impulso de ser importa basicamente a conservação e, pois, a coesão, e a coesão mais estável possível, do grupo de que se faça parte, desde a sociedade humana até os grupos específicos. Essa coesão, portanto, interessa basicamente ao direito, não entendido formalisticamente como poder estatal ou social, seja qual for seu conteúdo, mas visto em conteúdo como idéia de acordo com a ciência empírica e a informar o sentimento humano de agradabilidade.

Se há pois decerto "legalidade" na ênfase atual em processos sociais de hierarquização, competição e conflito, dificilmente o terceiro milênio aí verá "juridicidade" - se desejar a coesão estável dos espaços sociais.

1.4. Conclusão

Se iluminismo significa espírito livremente crítico e livremente criativo, não há ainda iluminismo em um saber jurídico que se considere sujeito a um dogma e que se torne imperialista para além de seus limites próprios e aceitáveis (que seriam o de uma ciência sobretudo da forma do direito), pretendendo-se antes, explícita ou implicitamente, ser *a* ciência jurídica - a ciência do direito "propriamente dita", sob o nome expressivamente não-iluminista de Dogmática Jurídica.

Mas se é pré-iluminista essa ciência formal do direito, esse saber dogmático e insuficientemente crítico, também é pré-iluminista uma ciência social do direito, decerto mais crítica que a Dogmática Jurídica, porém insuficientemente criativa - e por isso mesmo ainda insuficientemente crítica. Pois refoge quase sempre essa ciência social jurídica ao problema da definição do conteúdo de seu objeto, o direito, no formalismo de defini-lo pelas formas sociais com que se apresenta. Arma-se, em sua lógica científica, de métodos e técnicas de pesquisa cada vez mais rigorosos, mas não combate o combate fundamental da criatividade substantiva quanto ao seu objeto. Há como que um medo de enfrentar o objeto face a face no que essencialmente contém. E essa atmosfera definitória pré-iluminista ensombrece a possibilidade de criação de proposições científico-substantivas rigorosamente explicativas.

Por sua vez, a Filosofia Jurídica, quase sempre sem uma base disponível de ciência empírica do direito que fosse menos formalista e mais substantivamente rigorosa, não pode senão contar com demonstrações puramente racionais, sem controle empírico severo, arriscando-se fortemente a desvarios da razão a se expressarem em jogos de linguagem e em filodoxias mais ou menos claras. E aqui, novamente, um clima pré-iluminista. (cf. Nader, 1991: 6 e 8).

Todavia, já existem traços de conscientização do problema e tudo parece indicar que o terceiro milênio se encaminhará aos poucos do formalismo teórico ou prático sobre o direito, a uma crítica enfim iluminista, porque intelectualmente substantiva e criativa, eis que voltada para a definição e explicação científica e filosófica de conteúdos sociais mais definidamente realísticos, e, por isso mesmo, alcançando melhor a realidade dos ideais.

CAPÍTULO II

Modernidade e pós-modernidade científicas quanto ao Direito

2.1. Pós-modernidade científica e pós-modernidade artística

A pós-modernidade científica começa com a dúvida sobre a possibilidade de exatidão em ciência. Já não se tem a fé cega e ilusória na ciência e no progresso fundado no conhecimento científico. A pós-modernidade científica não chega a dispensar a razão, mas substitui uma razão de certeza por uma razão apenas probabilitária.

A pós-modernidade artística, que muitos pretendem ser buliçoso modismo, exime-se, ao contrário, de preocupações racionais e se abre desmesuradamente ao sentimento. Essa pós-modernidade em arte, profundamente desencantada com os resultados do racionalismo moderno para o bem-estar do homem, pretende uma ruptura radical com o somente moderno, levando sua dúvida até a contestação do racional.

O que a pós-modernidade científica e artística têm de comum é o espírito de dúvida, pois a própria ciência substantiva atual duvida de tudo, inclusive de si mesma. Esta última já não tem certezas: suas leis mais rigorosas, apresentadas que sejam em forma determinística ("se x, então sempre y") significam apenas probabilidade alta de ocorrência. Continua porém acreditando, a pós-modernidade científica, na razão, mas é fé relativa onde se sabe que experimentalmente o não-controlado coexiste sempre com o provável acerto (cf. Beyleveld e Brownsword, 1989: 402 e 410).

Com esse espírito de dúvida generaliza, a ciência atual não é pois, nem pode ser, cientificista. E nisso é pós-moderna.

Mas essa pós-modernidade da ciência antecedeu em silêncio quase absoluto, com a discrição dos trabalhos científicos, a rumorosa moda da pós-modernidade artística. E antecedeu de muitos anos.

De fato, sem mencionarmos aqui velhas filosofias da dúvida quanto às possibilidades de conhecimento humano preciso, não é de hoje que na Física mesma se fala de relatividade de massa, de espaço-tempo e de probabilidade (teoria quântica). Aberta inclusive a hipóteses a serem construídas a partir de antigas filosofias, procurando encaminhar essas hipóteses a uma forma testável empiricamente, a Física em parte se "desmaterializa", em considerações que transcendem a energia condensada em matéria e se encaminha rumo a formas energéticas cada vez mais sutis. As partículas elementares consideradas são cada vez menores (até agora mais de duzentas), seu comportamento individual se revela tão anômalo como o de indivíduos humanos singulares, as regularidades observáveis se referem antes a conjuntos massificados de numerosas partículas subatômicas.

Desse modo, Heisenberg, referindo-se às partículas elementares, escreveu que "formam antes um mundo de tendências ou possibilidades que um de coisas e fenômenos." (Heisenberg, 1986: 156).

Começara pois, claramente, a pós-modernidade com a abertura da Física moderna, desde as décadas iniciais deste século, a um clima mental de incerteza, em um grau que a Física clássica newtoniana não conhecera. Nisso há um ruptura de maneira de pensar - da ilusória e clássica exatidão pretendida, à realidade do apenas provável - que marca justamente a passagem do moderno ao pós-moderno na ciência. Bem depois, nos últimos anos, é que se afirma com nitidez a moda da pós-modernidade artística, esta última divulgando com maior eficácia junto ao grande público (por ser abrangentemente comunicante), o espírito de incerteza da época atual.

Mas a pós-modernidade na Física não é ainda uma pós-modernidade maior: a energia (E) se define por massa (m) e por velocidade da luz (c), o pensamento é excluído da equação einsteiniana ($E = mc^2$), que, com essa exclusão, se revela decerto incompleta. O modo energético mais sutil, que é o pensamento, é deixado aos cuidados da Psicologia, que no entanto se tem mostrado altamente perplexa diante da altíssima sutileza desse objeto, desde que, em seu subdesenvolvimento teórico, ela nem sequer ainda atingiu uma fase newtoniana de leis do espaço mental (cf. Hofstätter, 1981: 5).

A pós-modernidade maior será, numa visão, agora verdadeiramente holística, a construção de uma teoria geral científica da energia que não exclua o pensamento humano. Essa construção, que poderá ter seu ponto de partida em qualquer das ciências, procurará provavelmente ser racional, pois a confiança na razão parece ser herança persistente da modernidade científica. Mas essa confiança coexistirá com a dúvida, tudo o indica, pois a dúvida parece que será herança persistente da pós-modernidade quanto às possibilidades do conhecimento humano, que cada vez mais se percebe como capaz de verdades somente relativas.

Mas a dúvida é um incômodo psicológico que se resolve ou pelo refúgio nas formas, quando se reconhece uma impotência de saber ou se é inconsciente da fundamentalidade dos conteúdos; ou pelo enfrentamento intelectual desses conteúdos, o qual significa herança decerto positiva da modernidade das ciências "naturais", para a construção de um conhecimento substantivo. Apenas, essa construção já não será tida pós-modernamente como exata, confinada agora a exatidão do conhecimento humano tão-só ao domínio das ciências formais, *convencionais,* como a Lógica e a Matemática.

A pós-modernidade artística, essa moda recente, enfatiza a forma e tudo aceita como conteúdo, é eclética, criativa, pluralista, desinteressada de verdades e fins racionais, desinteressada de coerência, afirmadora de descontinuidades e rupturas (cf. Rouanet, 1986: 86-88, Arruda Jr., 1993: 99).

A pós-modernidade científica continua combinando a razão exata de forma da Lógica e da Matemática - herança da modernidade - com a razão incerta da probabilidade, em tudo que se refira ao conhecimento de conteúdos. Combina razão formal de exatidão, usada apenas como instrumento de trabalho, com razão substantiva probabilitária, vista esta última como algo pertinente ao seu trabalho próprio e específico. Frase de Einstein merece ser relembrada, pois é típica a esse propósito: "Na medida em que as proposições da Matemática se refiram à realidade, elas não são exatas (*sicher*), e, na medida em que são exatas, não se referem à realidade" (*apud* Aldrup, 1977: 174).

A pós-modernidade científica, ao contrário da artística, continua interessada (e é herança da modernidade) em grandes questões teóricas, porque não há ciência substantiva moderna que não valorize positivamente uma teoria geral do seu campo de estudos. Mais ainda: a Física de hoje se abre a grandes problemas filosóficos como focos geratrizes de possíveis hipóteses testáveis empiricamente. Nada tem ela de necessariamente nihilista, mas se abre despreconcebidamente a *n* possibilidades do real. A Física deste final de milênio consegue ser computadorizada sem ser imediatista, e nesse não-imediatismo, recebe a influência da modernidade - outra coisa é o imediatismo atual da *técnica* baseada em ciência (cf. Lyotard, 1988: 88-89).

Há quem fale que a pós-modernidade começou a partir do fim do século passado (cf. Lyotard, 1988: 7). Porém, uma conscientização maior de pós-modernidade só se inicia após a segunda guerra mundial, quando a utilização da bomba atômica dramaticamente aguçou a dúvida sobre se o homem conseguiria ou não controlar os resultados técnicos de sua ciência, assegurando ou não a sua sobrevivência (cf. Etzioni, 1971: VII). Pois bem: nessa nossa atualidade do após-guerra mundial, mais consciente, não cabe falar propriamente de uma pós-modernidade, que fosse um tanto indivisa, mas de duas pós-modernidades fundamentais: a científica e a artística.

Isso sem prejuízo da existência de outras pós-modernidades, pois a incerteza pós-moderna pode aplicar-se a tudo, de tal sorte a manifestar-se o que se chamou de uma síndrome pós-tudo (cf. Rouanet, 1986: 87, Rorty, 1991: 198-199 e 202).

Ambas aquelas pós-modernidades, a científica e a artística, duvidam é certo. Mas se uma, a artística, desinteressa-se pela razão de conteúdo, a outra, a científica, procura desenvolvê-la mais do que nunca, mais do que nunca preocupada com os grandes enigmas do universo e do homem - aberta, às vezes, até o misticismo que seja capaz de fornecer-lhe matéria-prima para a construção de hipóteses testáveis.

2.2. Modernidade e pré-modernidade na ciência do Direito

A chamada Dogmática Jurídica, embora tenha referência ao empírico, é substantivo-empiricamente não-hipotética, mas antes implica um procedimento cognitivo essencialmente formal, porque essencialmente lógico-normativo (ou seja, sua verdade não trata da concordância com fatos concretos, mas com "normas descritas": cf. Souto Maior Borges, 1988: 24).

Assim entendida, essa ciência do direito chega a atingir decerto a modernidade: a atinge não simplesmente como saber formal, que o é já desde séculos, mas como ciência de uma razão formal sublimada, e nessa sublimação está a sua modernidade.

Weber o viu bem: " (...) as características juridicamente relevantes são exploradas (*erschlossen*) através de interpretação lógica, e depois conceitos jurídicos firmes, em forma de regras rigorosamente abstratas, são construídos e aplicados (...) uma sublimação do direito no sentido hodierno, que seja especificamente técnico-jurídica, é, porém, apenas possível enquanto tenha este caráter formal." (Weber, 1960: 102). E fala ele de "um crescente sublimar lógico e rigor dedutivo do direito, assim como de uma técnica racional crescente do procedimento" (Weber, 1972: 505).

Mas a ciência formal do direito é moderna apenas como racionalidade de forma. Desinteressa-se secularmente, e até hoje, por uma racionalidade de conteúdo, a qual tende a ser considerada por ela uma preocupação extrajurídica, de natureza científico-empírica ou filosófica, de tal modo que o conteúdo de regras jurídicas formalmente sublimes se faz acentuadamente de interesses política e/ou economicamente mais fortes, apresentado freqüentemente esse conteúdo apenas na forma cognitiva do senso comum. A Dogmática Jurídica, quanto a uma razão de conteúdo, é, assim, acentuadamente pré-moderna, acentuadamente pré-iluminista.

Luhmann fala, quanto a subsistemas chamados de jurídicos (na realidade subsistemas do "direito positivo"), de um "fechamento normativo" e de uma abertura à informação cognitiva (cf. Luhmann, 1984: 110). Mas é preciso ver que até essa abertura é altamente deficiente pela falta de formação e de mentalidade científico-empíricas na educação formal dos juristas.

Por outro lado, se por ciência do direito se entende ciência social empírica do direito, aquela baseada na observação controlada dos fatos e apresentando substantivamente hipóteses testadas ou testáveis por métodos e técnicas de pesquisa, poder-se-ia esperar, pelo que se disse até agora, uma modernidade de conteúdo,

32 CLÁUDIO SOUTO

pelo próprio caráter científico-empírico desse saber. Mas tal não ocorre.

Não é, evidentemente, que a ciência social empírica do direito não se refira a conteúdos da realidade social, por exemplo, a fins e interesses. Mas a referência a conteúdo não implica necessariamente aquilo que marca a modernidade, para além de um pré-iluminismo: a razão científica de conteúdo, a abstração para além daquela do mero senso comum, capaz (a abstração científica de conteúdo) de chegar a hipóteses gerais (hipóteses de leis científicas), consideradas indispensáveis à construção de uma ciência. Algo para além de simples hipóteses particulares e de correlações mais ou menos esparsas.

Se olharmos com atenção as definições do direito como fato social que a ciência social jurídica apresenta, nos seus mais renomados cultores, constataremos que não admira porque essa ciência não tenha atingido hipóteses gerais sistematicamente concatenadas entre si e de natureza causal. Com efeito, como derivar um conjunto ordenado dessas hipóteses a partir de definições que são, na verdade, *apenas* formais, isto é, capazes de alcançar conteúdos substantivos contraditórios?

Reconhece-se que toda definição científica geral, pelo seu caráter de indução abstrata, é, até certo ponto, formal (isto é, até certo ponto resistente à variação concreta dos conteúdos, por ter deles colhido por abstração somente as características comuns a todos eles e que em todos se repetem). Mas isso não conduz necessariamente a um formalismo definitório que abrigue em seu seio conteúdos em contradição.

Como vêm os Autores mais renomados da ciência social do direito o objeto desta ciência? Como regras de sanções organizadas (Durkheim, 1960: 27-34 e 205-209), como tentativa de realizar a justiça (vista esta como reconciliação prévia e essencialmente variável das obras de civilização em contradição), pela imposição de encadeamentos multilaterais entre pretensões e deveres (Gurvitch, 1960: 189 e 188-190), como o que domina a vida (Ehrlich, 1929: 399, *Vorrede*, 8, 29-30, 130 e 405), como o que é garantido externamente através da chance de coação (física ou psíquica) por um *staff* específico (Weber, 1972:17), como estrutura de um sistema social baseada na generalização congruente de expectativas normativas de comportamento (Luhmann, 1983: 105 e 104). Ora, todas essa definições, por mais respeitáveis que sejam, podem alcançar quaisquer conteúdos, pois sua modernidade racional é na realidade apenas de forma. Procuram descrever um direito positivo (isto é, um direito grupal eficaz, não necessariamente de natureza estatal), *seja qual for o seu conteúdo*. Desse modo, todas - até mesmo a de Gurvitch, que se refere a justiça - não se interessam por uma fundamentalidade substantiva.

Dessa maneira, chega-se à surpreendente conclusão de que, enquanto as ciências "naturais" de hoje nunca perderam o gosto por uma racionalidade de conteúdo, pois suas definições, leis e fórmulas não são apenas formais, mas antes têm contornos que se procura sejam os mais definidos e precisos possíveis (apesar de sua incerteza metodológica), a ciência social do direito, deslumbrada e perplexa diante da complexidade maior do seu objeto e da dificuldade secular do seu tratamento teórico, se refugia na redução somente formal dessa complexidade, com um discurso de alta racionalidade de forma (fala-se mesmo, em uma perspectiva histórica sobre a teoria jurídica, de um "progressivo esvaziamento de conteúdo": Adeodato, 1989: 29-30 e 25-26).

Temos pois, em suma, quanto à ciência social do direito: pré-modernidade de conteúdo e modernidade de linguagem.

Não há porém uma alegada postura pós-modernista quanto ao direito? Ora, se considerarmos atentamente Autores representativos como Ladeur e Teubner, que são tidos como pós-modernos, veremos que uma pós-modernidade científico-empírica ainda não ocorreu realmente no domínio jurídico.

Ambos esses Autores se situam na faixa de um pluralismo jurídico, que se pretende pós-moderno (Ladeur, 1983: 479; Teubner, 1989: 49-51 e 135-136). Assim é que Santos (1987: 297-298) salienta que o *"pluralismo jurídico* é o conceito-chave em uma visão pós-moderna do direito"*, referindo-se a "diferentes espaços jurídicos superimpostos, interpenetrados e misturados tanto em nossas mentes como em nossas ações".

Contudo, é de ver que a afirmação de um direito não necessariamente estatal já existe na própria antigüidade clássica, com a perspectiva jusnaturalista, e é da tradição inicial da Sociologia do Direito, com Durkheim, Ehrlich e Weber. É, portanto, pré-moderna e moderna, e uma pretensa pós-modernidade apenas dá abrigo ao pluralismo quanto ao direito - pluralismo esse já muito acentuado em Gurvitch (Gurvitch, 1960: 173-206, especialmente 189).

Ladeur critica a definição por Luhmann do direito como fato social, mas sua crítica é ainda pré-moderna quanto a uma racionalidade de conteúdo (embora altamente moderna quanto a uma racionalidade de forma), pois a rigor se restringe a considerações teóricas sobre linguagem (Ladeur, 1986: 268; sobre a "pluralização dos jogos de linguagem", Ladeur, 1992: 41-45 e 80-85).

Se fala de "cultura jurídica da incerteza" (Ladeur, 1985: 422-423), essa linguagem pós-moderna que usa não se reveste de uma preocupação teórico-geral e não apenas situativo-tópica em caracterizar um conteúdo substantivo para o direito - preocupação teórico-geral essa quanto a conteúdo, que se conserva pela pós-modernidade científica desenvolvida, cuja incerteza metodológica não a leva a um conhecimento apenas localizado (cf. Neves, 1992a: 287-290; 1992b: 42-43).

Para Ladeur, ao contrário, a idéia de pluralidade jurídica leva ao "direito novo, particular, da 'ponderação' (*Abwägung*), constituído através de uma 'desordem' (*Unordnung*)". Para ele, a "desordem parece mostrar-se cada vez mais como o princípio mais alto de organização da natureza, conhecimento esse que é também de fazer fecundo para as ciências sociais" (Ladeur, 1983: 478; analogamente Guerra Filho, 1992/1993: 15. Carty, 1989: 375, chega a falar da "morte do geral").

Ora, o conhecimento do comportamento aparentemente anômalo de partículas elementares não afastou da Física atual a preocupação com leis gerais, apenas acentuou o caráter probabilitário da ciência. Não se perde a noção de ordem da natureza, nem na teoria da relatividade, e nem mesmo na teoria quântica, que são paradigmas vigentes da Física de hoje (cf. Sheldrake, 1992: 50, 51 e 53-54; Luhmann, 1993: 539, fala, quanto à sociedade moderna, de "continuidade estrutural", Arnaud, 1991: 296, do "jogo da ordem e da desordem", Faria, 1993: 154, de um universo jurídico-constitucional multiforme de rupturas e continuidades, "ordens" e "desordens", Argüello, 1993: 167, de *uma razão* científica "entre outras, passível de contestação", não um vazio).

Teubner menciona um "conflito entre ordem jurídica estatal e ordens sociais plurais quase-jurídicas" (Teubner, 1989: 135-139). Mas não há nele referência teórico-geral de conteúdo que pudesse esclarecer essa quase-juridicidade; e uma "ordem jurídica estatal" ser jurídica apenas por ser estatal é consideração dogmática, não científico-social.

Note-se que o pluralismo é perfeitamente admissível *quanto às fontes* de produção do jurídico, logicamente não o é no sentido de direitos opostos igualmente "jurídicos", se esses "direitos opostos" têm a mesma referência fática de aplicação.

Em relação a esses juristas ditos pós-modernos, temos ainda, portanto, do ponto de vista científico-empírico: razão moderna de forma e pré-modernidade de conteúdo. Não se chega a atingir uma pós-modernidade científica cuja incerteza metodológica conservasse, como nas ciências "naturais", a modernidade da razão teórico-geral de conteúdo - modernidade esta que as ciências "dogmáticas" ou sociais do direito ainda não atingiram.

Como falar pois de uma pós-modernidade científica quanto ao Direito, se ainda não lhe ocorreu uma modernidade científico-empírica? Se se insiste em falar de pós-modernidade, essa pós-modernidade haverá de ter referencial só técnico, artístico, filosófico - relativa ela ao Direito como doutrina artística, a *Kunstlehre* da expressão de Ehrlich (1929: 384), isto é, doutrina técnica.

2.3. Buscando recuperar o tempo perdido: rumo à modernidade e à pós-modernidade de conteúdo quanto ao Direito

Se o saber jurídico, quer dogmático, quer científico-social, se encontra ainda em pré-modernidade de conteúdo, como se acaba de ver, seria contudo possível acelerar seus passos em direção à modernidade substantiva, tentando-se suprir o muito tempo perdido até agora?

Tudo indica que sim. Metodologicamente nada lhe impede - a não ser uma mentalidade retrógrada, superável pela educação - de assimilar o clima ao mesmo tempo moderno de razão de conteúdo e pós-moderno de consciência da inexatidão substantiva do conhecimento - clima esse hoje em curso nas ciências relativamente desenvolvidas, as "naturais".

Na verdade, já não tem sentido atual aquela idéia antiga, ainda encontrável em estudos de direito, de uma oposição aguçada entre ciências "naturais", "exatas", e ciências da cultura, incapazes de exatidão em face da rica capacidade de autonomia individual. Pois, como já se mencionou neste ensaio, nenhuma das ciências é substantivamente "exata", e as partículas mais elementares da matéria se comportam individualmente de maneira anômala ou aparentemente anômala. Todas as ciências substantivas são ciências, afinal, da energia, a ser estudada em seus diferentes modos de manifestação. Assim, apesar das diferenças de objeto que essas maneiras diversas de manifestação implicam, como o objeto geral de todos os saberes científicos é o mesmo - o movimento energético -, há uma metodologia comum a todos eles. Essa metodologia comum consistiria em observar a realidade para definir o conteúdo de conceitos, em formular hipóteses gerais ou particulares (se possível causais), em testar formalmente, através de métodos e técnicas de pesquisa, essas hipóteses.

A modernidade em ciência aponta, portanto, para a necessidade preliminar e indispensável de definir conteúdos - em nosso caso sobretudo um conteúdo que se pudesse chamar de "direito", sem o que se inviabilizam proposições sérias sobre o fenômeno jurídico. Enquanto a pós-modernidade em ciência (que coexiste harmoniosamente com essa modernidade da razão de conteúdo) aponta por sua vez para uma segurança apenas relativa do conhecimento científico, pois sua possibilidade de erro é algo sempre real e sempre presente.

E não só não se confia cegamente em ciência porque esta erra, como ainda o conhecimento científico pode ser utilizado para a destruição do homem pelo homem. Como se viu, o bombardeio atômico sobre o Japão na última guerra mundial ilustrou de maneira bem dramática essa possibilidade, realçando a realística incerteza pós-moderna sobre a ciência.

A confiança apenas relativa na ciência - ou a desconfiança relativa dela, que é o mesmo - implica que se procure alhures o aumento do índice de confiabilidade e de segurança. Como o homem permanece sendo animal, o próprio impulso animal de conservação individual e da espécie o conduz a essa procura.

A ciência substantiva não lhe podendo satisfazer totalmente o impulso animal de segurança, uma alternativa seria ele voltar-se, como o tem feito, à segurança cognitiva das definições acentuadamente formais e à segurança prática de procedimentos muito formais, a exemplo da prática forense. Ambas essas seguranças podem abranger conteúdos contraditórios pelo seu caráter tão formal que chega a ser formalismo.

Contudo, aos poucos vai-se percebendo que uma segurança tão formal assim, por ser ela compatível com conteúdos em contradição, é na verdade uma segurança acentuadamente instável e, portanto, ainda pouco segura realmente. Afinal, vai-se percebendo que se trata apenas da segurança ilusória, embora muita vez brilhante, do *magister dixit* acadêmico, ou, quanto à prática social, aquela do mero poder econômico e/ou político transitórios revestidos do muito formal. A lei do Estado ou o costume, por exemplo, são essencialmente formas de imposição a abrigar conteúdos contraditórios e instáveis - conforme épocas, lugares e grupos sociais de que sejam instrumento. Desse modo, mesmo o apego ao costume porque costume (seja qual for seu conteúdo) não é senão formalismo.

Mas a confiança apenas relativa na ciência pode, por outro lado, mantendo o formal (que parece indeclinável na presente etapa evolutiva humana), procurar evitar um formalismo que acaba sendo realmente instabilizante. Porque essa confiança relativa pode, em outra alternativa, buscar segurança enfrentando teórica e praticamente conteúdos, ao invés de acobertar-se da segurança ilusória do formalismo, que é fuga a esses conteúdos no que tenham de mais geral e fundamental.

Ora, o conteúdo, mais geral e fundamental para o homem, é de procurar-se no próprio homem, como objeto de conhecimento, já que o pensamento humano será a forma energética mais sutil e abrangente que agora podemos conhecer.

Porém o homem não é, essencialmente, apenas percepção, pensamento - ou idéia (a qual poder ser vista como o mais genérico, compreendendo essas duas categorias básicas, percepção e pensamento). A desconfiança relativa quanto à ciência é a própria desconfiança pós-moderna da idéia humana como capaz, por si só, de oferecer satisfatória segurança à vida do homem. Afinal, a destruição nuclear das cidades japonesas foi produto de refinada técnica científica.

A segurança não estará portanto apenas no saber, estará também, e basicamente, no sentir. Porque diretamente atrás do sentimento estará o impulso animal geral de conservação individual e da espécie, o poderoso impulso de ser (que, sendo controle da conduta, lhe é dever ser).

Por esse impulso quer-se aqui expressar o somático-afetivo-ideativo-volitivo animal em seu estado mais rudimentarmente natural, ou seja, não-aprendido: é tendência desencadeada automática e inconscientemente e não-aprendida (inata, inerente, instintiva), mas sobre a qual, como infra-estrutura, se pode estabelecer a educação humana mais sofisticada (cf. Rudy, 1969: 464-466). Krohner (1978: 344) lembra que o instinto em regra é adaptativo, isto é, conservativo da vida e da espécie (analogamente, Schoeck, 1972: 165).

Todavia, em sua complexidade mental, o homem pode atuar contrariamente a uma infra-estrutura instintiva (que lhe é fundamentalmente determinante, mas não fatalmente determinante, mesmo quando se trata do impulso de ser). Isto parece esclarecer um pouco o que Rudy (1969: 465) chamou "a difícil relação entre instinto e vontade".

Biólogos recentes do comportamento lembram a tendência atual de não empregar-se a categoria "instinto", por não ter alcançado univocidade, quer no seu uso

40 CLÁUDIO SOUTO

científico, quer no popular (Immelmann, 1982: 121-122, Lundberg, 1993: 142 e 143). Contudo é curioso que o adjetivo "instintivo" ("inato") seja mais freqüentemente usado que o substantivo "instinto" (Immelmann, 1982: 122-123)...Consoante Manning, o termo "instintivo", apesar do seu uso ter sido contraditório, ainda permanece útil (Manning, 1979: 19). Para além de modismos e preconceitos terminológicos (quer se queira chamar de "impulso", "instinto" ou "motivação", esta última palavra ambígua como as outras), o importante é definir, do modo menos equívoco possível, a pronta e inata disposição animal para a ação (cf. Immelmann, 1982: 244 e 159-160).

Idear, sentir, decidir em função do idear-sentir: aí estará a essência do homem e de tudo que é produto humano. Mesmo as coisas materiais produzidas pelo trabalho humano são resultado de decisões da vontade em função de idéias-sentimentos.

Assim, o direito, como produto humano, terá a marca de sua origem hominal: será clara e essencialmente idéia-sentimento, como tudo que é humano.

Mas "direito" é, antes de tudo, apenas uma palavra. Se a quisermos entender com retidão, correção, justeza (em acepção usual e etimológica), que fenômeno mental e/ou social poderia ser chamado de direito? Note-se que o social e o mental mantêm relacionamento estreito entre si: o social não é senão o fenômeno novo resultante da comunicação exteriorizada entre pólos mentais; e aquilo que era, num momento, social, pode, uma vez interiorizado, tornar-se, noutro momento, mental.

O saber humano mais correto - ou menos incorreto - que se possa ter é, reconhecidamente, aquele baseado na observação metódica e tecnicamente controlada dos fatos - o saber científico-empírico. Não há conhecimento humano mais reto ou ajustado em relação ao real do que este. Portanto, é o conhecimento mais seguro - ou menos inseguro - que se pode pretender. Aí estará pois o conhecimento informativo do "direito" entendido como conteúdo mental e social, e não apenas como forma estatal ou grupal de imposição (seja qual for o seu conteúdo). Pois com essa informação científico-empírica o "direito" terá a maior chance, *no plano cognitivo*, de ser realmente reto ou correto.

Isso não significa que o conhecimento científico-empírico seja necessariamente "melhor" que o metacientífico (por ex., o filósofo, o religioso). Significa que é o mais seguramente testado ou testável, enquanto o conhecimento metacientífico pode ser bem mais ricamente abrangente. Na verdade, todas as possibilidades humanas de conhecer são complementáveis, se não se quiser empobrecer *a priori* essas possibilidades.

E qual será o sentimento do "direito", entendida esta palavra como retidão, correção, justeza? Decerto o sentimento de "justiça" Mas "justiça" é uma palavra ambígua, compreendida de modos diversos e até antagônicos. Podemos porém reduzir essa ambigüidade: como "justiça" é expressão que tem referência etimológica a "norma" em geral (διχη ← dik, dic → dictamen=norma, regra, dever ser), temos a possibilidade de chamar de justiça o sentimento de agradabilidade correspondente ao que se acha que deve ser (e se acha que dever ser o que for mais semelhante ao que se aceita). "Justiça" será, então, nada mais que esse sentimento de agradabilidade (abstração feita da idéia de que se indissocia): o mais são *n idéias* possíveis de justiça.

O que foi exposto até agora significa duas reduções teóricas básicas da complexidade que se expressa nessa possibilidade de *n* idéias (incluídas aqui idéias contraditórias de justiça).

A primeira redução é que ao conceito de direito só importam idéias de justiça informadas científico-empiricamente (baseadas na observação tecnicamente controlada dos fatos): direito seria idéia científico-empírica da justiça. Já a segunda redução está em relacionar justiça em si mesma com o afetivo, o qual é fenômeno mental, enquanto a sensação (dor, prazer) é acentuadamente fenômeno orgânico: está em referi-la ao sentimento de *agradabilidade* do homem normal (homem de mente não-patológica).

As duas reduções implicam pois que direito é idéia de acordo com a ciência empírica em conjunção com o sentimento de agradabilidade. Ao que tudo indica, idéia e sentimento se indissociam na mente animal superior e só são separáveis por abstração (cf. A. Souto, 1991: 304-305 e 307-309, Griffin, 1991: 13-16).

Se quisermos transculturalizar essa definição (tornando-a válida para todas as culturas humanas) só é generalizá-la mais: ao invés do referencial "ciência empírica", que implica uma sofisticação metodológica que as sociedades primitivas não possuem, é só falar de "conhecimento geral empiricamente testável" (o que todas as sociedades humanas apresentam). Transculturalmente, direito seria então a idéia de acordo com conhecimento geral empiricamente testável em conjunção com o sentimento de agradabilidade.

Esse sentimento de agradabilidade seria componente fundamental do direito, mas não lhe seria algo só seu. Pois o sentimento de agradabilidade se associaria ainda: 1) à idéia de acordo com a metaciência (idéia filosófica, religiosa, ideológica), formando a moral *stricto sensu*; 2) à idéia das circunstâncias particulares de um caso concreto, formando a eqüidade; 3) à idéia de harmonia, formando o padrão estético.

Como todas essas possibilidades são normas (gerais ou particulares). todas são dikelógicas (de δικη, justiça → norma) nesse sentido normativo, ou seja, todas implicam "justiça" ou "justeza", pois a própria harmonia é justeza.

Porém atrás do afetivo humano, que é o mental bipartido fundamentalmente em agradabilidade (diante do que se considera justiça, justeza) e desagradabilidade (diante do que se considera injustiça, injusteza), existe, como se viu, algo de tão básico que pertine claramente à animalidade, inclusive à animalidade humana: o impulso de conservação individual e da espécie. É o impulso de ser e que constitui ao mesmo tempo o dever ser fundamental, isto é, a pauta de conduta mais geral e básica - limite extremo da realidade animal onde ser e dever ser se confundem em unidade de infra-estrutura (cf. C. Souto, 1992: 20-23 e 41-45).

Esse impulso de ser implica a conservação do indivíduo, mas implica sobretudo a conservação da espécie (pois o indivíduo sozinho não se reproduz e morre). E essas conservações, a do indivíduo e a da espécie, implicam adaptação, cada vez mais refinada, a qualquer meio (físico-químico, biológico, social), sobretudo no caso do homem - isto é, implicam evolução. Evolução orgânica, mas também evolução intelectual e ética.

Evolução ética também: a agressividade animalizada do homem, necessária à conservação individual e da espécie, em seus momentos iniciais (acentuadamente competitivos e conflitivos), parece tornar-se cada vez mais disfuncional para essas conservações, diante de uma evolução cada vez mais hominizada dos processos cooperativos. Já se compreende, na verdade, que agressividade e armas nucleares podem destruir a espécie humana. E, em um largo panorama histórico-evolutivo, os desmandos hierárquicos dos vitoriosos das competições e conflitos humanos animalizados (onde vence o mais forte, o mais inteligente, o mais hábil, o mais desonesto, o mais insensível ao sofrimento alheio), passam, ao que tudo indica, de um clima de altíssima impunidade, àquele, o atual, de uma punibilidade já discutida e por vezes realizada.

O impulso de conservação individual e da espécie, impulso de ser (e, evolutivamente, o impulso de ser cada vez mais complexamente, mais profundamente) está no homem e portanto no seu produto fundamental que é o direito. Não é apenas subjacente ao direito: lhe é subjacente e componente - ou seja, lhe é componente infra-estrutural básico, como pauta fundamental que é para o comportamento da animalidade. É-lhe, assim, o componente alfa (A).

No homem, essa pauta ou diretriz fundamental se sutiliza por efeito de uma ideação mais complexa, o que permite a sua formulação em princípios ideativos: deve ser tudo que for favorável à subsistência e ao desenvolvimento do indivíduo humano e da espécie humana; deve ser sobretudo a subsistência e o desenvolvimento da espécie: não deve ser tudo que prejudique a subsistência e o desenvolvimento do indivíduo humano e da espécie humana (sobretudo desta última). Por conseguinte, devem ser o individual e o grupal que propiciem a aproximação, a coesão, a integração, a união humana, não devem ser o individual e o grupal que atuem no sentido do distanciamento mental e social de homens entre si. São princípios mais gerais e naturais (de fundamentação científico-biológica).

Do que foi exposto, parece agora fácil concluir qual seja a composição do direito: ele se compõe do impulso de conservação individual e da espécie (que podemos grafar como A) e de sentimento de agradabilidade (que podemos dizer S+) informado por idéia de acordo com a ciência empírica.

Ocorre porém que os dados científicos, já em si mesmos, contêm idéia e *sentimento de agradabilidade*, pois o cientista acha que a sua formulação corresponde à realidade (e aqui está implícito o valor "cientificidade"), acha portanto que essa formulação deve ser e que deve ser comunicada - e justamente por isso a quer (vontade positiva) comunicar (cf. Santos, 1989: 133-135).

Isso significa que o sentimento de agradabilidade entraria duas vezes na fórmula de composição do direito, já que está contido *também* na informação científico-empírica da fórmula. É somente por mera analogia e para melhor compreensão que se usa aqui de linguagem semelhante à da Química para dizer que o S^+ do direito tem entrada dupla em uma fórmula de composição.

Mas, se quisermos registrar essa entrada afetiva dupla, teremos de abstrair uma (1) entrada afetiva da informação científico-empírica e registrar esta última apenas como idéia. Mas a idéia que informa o direito, transculturalmente (isto é, quer nas sociedades "civilizadas", quer nas "primitivas") é simplesmente generalização comprovada ou comprovável empiricamente (faticamente). Essa generalização pode ser designada como Gc.

Isso tudo posto, a fórmula reduzida de composição do direito poderia ser: AS_2^+Gc (o índice 2 indicando a duplicidade de entrada do afetivo agradável na composição).

Poderá dizer-se que essa fórmula do direito é mental, e de fato o é. Mas é social também, já que, como ficou visto, o social não é senão a resultante da comunicação (exteriorizada) entre pólos mentais. O mental gera o social como produto novo, e o social gerado pode, em outro momento, interiorizar-se mentalmente. Isso quer dizer que o direito é fenômeno mental humano que se torna social pela exteriorização sócio-interativa. Por que o direito teria de ser fato apenas social? Pois nenhum social deixa de ter um momento mental - embora a criação mental genuína, raríssima, possa em um momento inicial ainda não ser social, isto é, não ser ainda comunicada socialmente (cf. C. Souto, 1984: 91).

Tem-se aí uma tentativa de recuperar o tempo perdido quanto ao Direito. A modernidade da fórmula está na sua referência *sine qua non* à ciência empírica como informativa do direito. Todavia a ciência empírica não é exata, mas apenas probabilitária, sempre em clima de indeterminação e de erro. Além do mais, a ciência pode ser *aplicada* para dissociar, para destruir, em larga escala. Com esta noção atual de desconfiança relativa da ciência (ou de confiança apenas relativa nela, o que é o mesmo), se transita à pós-modernidade da fórmula. Essa pós-modernidade está na referência dupla a sentimento (S_2^+) e ainda na menção fundamental ao impulso de ser que funciona como controle básico de segurança, em virtude de uma aparente imaturidade animal do homem (cujo período especificamente humano é decerto recente, em termos evolutivos).

Alcança-se, portanto, *descrevendo-se uma composição real*, a modernidade científico-empírica e a pós-modernidade da ênfase no sentimento e no "instinto" (ou na "motivação", se se prefere este termo). Esse seria direito moderno e pós-moderno dos tempos novos.

Esse direito pode ser, ou não, conteúdo de formas impositivas estatais ou grupais. Tende a instrumentalizar-se da força política ou social, mas não tem relação necessária com ela. Mas tem sempre a força real intrínseca do racional, e, sobretudo, do afetivo em agradabilidade. E a poderosa força do impulso de ser.

Esse direito não esclarece fundamentalmente o mundo atual, que ainda se explica basicamente, como outrora, por interesses econômicos e/ou políticos em forma de lei estatal. Mas se o homem continuar a evoluir no sentido de uma racionalidade cada vez mais objetiva, de uma afetividade cada vez mais agradável, para além da ênfase no emocional, e se não chega a contrariar o impulso de ser em uma destruição global da espécie, esse direito tem a possibilidade de constituir-se futuramente em explicação fundamental da vida humana.

Aqueles princípios ideativos que defluem, através da sutileza da mente humana, do impulso animal geral de conservação individual e da espécie, podem ser especificados em relação ao direito (cuja formulação se compõe, como vimos, desse impulso). Assim teremos os seguintes princípios mais gerais: é jurídico tudo que for favorável à subsistência e ao desenvolvimento do indivíduo humano e de todos os homens (pois o impulso se

TEMPO DO DIREITO ALTERNATIVO **47**

refere a qualquer indivíduo e à espécie humana); é preferencialmente jurídico o que favorecer a subsistência e o desenvolvimento da totalidade humana (pois é preferível a subsistência e o desenvolvimento da espécie); não é jurídico tudo que prejudique a subsistência e o desenvolvimento do indivíduo humano e de todos os homens (sobretudo de todos os homens).

Essa não-juridicidade alcança quaisquer indivíduos ou grupos sociais ou estatais que atentem contra a subsistência e o desenvolvimento de *todos* os homens. Esses grupos desviantes do jurídico podem apresentar considerável coesão interna, mas são descoesivos quanto ao todo humano e assim não são jurídicos, embora possam ser extremamente legalizados (e até "divinizados").

Desse modo, é jurídico o individual e o grupal que favoreçam a aproximação, ou coesão, ou integração humanas (sem prejudicar-se a espécie humana como um todo); não é jurídico o individual ou grupal que atuem no sentido do distanciamento inter-humano (a não ser que o distanciamento impeça ou previna um afastamento ainda maior: é o caso da polícia em conflito com criminosos comuns para impedir ou prevenir o crime).

De uma maneira genérica e como proposição mais geral, se poderá afirmar: quanto maior a aproximação entre pólos sócio-interativos, maior a favorabilidade ao direito. Note-se que grupos indispensáveis à subsistência e desenvolvimento humanos, como os familiares e os econômicos, só existem, como aliás qualquer grupo, na medida em que seus indivíduos se aproximem (por se considerarem semelhantes a idéia de semelhança preponderante com o que aceitam causando aproximação).

Serão princípios de um novo direito natural de fundamentação biológica? Pouco importa como se rotule, desde que se compreenda que a idéia humana é vária (e também o é a idéia científico-empírica informativa do direito), de sorte que dificilmente se poderia afirmar um princípio natural invariável que independesse, para uma aplicação mais concreta, de uma especificação científico-empírica. Assim, como se acabou de ver, o próprio afastamento inter-humano pode ter função coesivo-geral no sentido de prevenir-se afastamento ainda maior. Sem negar-se que, na medida em que diminuam em geral os processos de afastamento entre os homens (como parece ser a evolução humana), esses processos de afastamento têm aumentada a chance de serem apenas descoesivos, pois, em si mesmos, sempre o são.

Será pois mas realístico falar-se de permanência e não propriamente de invariação (que teria de ser formal e vaga): permanência do impulso animal de ser e dos princípios mais gerais dele derivados em forma ideativa humana; permanência do sentimento de agradabilidade e desagradabilidade no homem normal e, ao mesmo tempo, variação na intensidade do impulso e do sentimento de acordo com a evolução animal e com os diferentes indivíduos; e, ainda, variação n das idéias humanas, redutível porém, essa variação, por via científico-empírica (maior possibilidade de consenso).

Interações sociais de competição, de conflito ou de hierarquização (todas implicando a preponderância da idéia de dessemelhança entre os interagentes), são, em si mesmas, processos de afastamento no espaço social. Assim, nelas não se forma clima favorável ao direito - a não ser quando essas interações previnam afastamento ainda maior (que passaria a existir sem elas). Já as interações sociais onde prepondera a idéia de semelhança e, pois, a aproximação entre pólos interagentes (a exemplo das interações de cooperação), são *sempre* favoráveis ao jurídico.

CAPÍTULO III

Regras da metodologia sociológica, direito, abrangência teórica: um século depois

3.1. Cem anos de modernidade metodológica em Sociologia. E uma pós-modernidade científica?

Não se trata, evidentemente, de desconhecer a importância do senso comum para a vida do homem. Mas é preciso reconhecer - e é Durkheim quem o lembra - que é necessário ir além de preconceitos tradicionais para que se faça ciência sociológica: a ciência procura descobrir, e a criação científica é mais ou menos desconcertante para o senso comum e suas prenoções. Este último, para o mestre francês, não poderia possuir, em Sociologia, uma autoridade de que já não desfruta nas outras ciências (cf. Durkheim, 1972: XV, 27-29, 31-32, 125).

Fé na ciência: eis que o movimenta a metodologia sociológica na pioneira versão durkheimiana que completa um século. E os fatos sociais passariam a ser considerados como "coisas" (1972: XVII) e essa seria "a proposição fundamental" do método em Durkheim (1972: XX e 13), no sentido de que fossem tratados com toda a objetividade possível (1972: XXII, nota I, 26, 125).

É esse espírito de objetividade que leva Durkheim a salientar que, contrariamente ao senso comum, o que é repugnante pode ser útil, a exemplo do sofrimento, pois, para ele, alguém que nunca tivesse sofrido seria um monstro (1972: XVI).

Nega que os fenômenos psíquicos derivem *diretamente* dos orgânicos, idéia que vai aplicar aos fatos sociais em relação aos psíquicos, recusando-se a explicar "o mais complexo pelo mais simples". E aspira a reduzir a conduta humana a relações de causa e efeito, através de um "racionalismo científico" (1972: XVII e XXIII). Para Durkheim, o princípio da causalidade, sociologicamente, é apenas "postulado empírico, produto de legítima indução" (1972: 123).

O mestre de Paris não acha que uma perspectiva apenas funcional consiga explicar, sozinha, os fatos sociais; ao contrário, para ele, é *"preciso buscar separadamente a causa eficiente* (...) *e a função"*, sendo o lógico, metodologicamente, "procurar a causa de um fenômeno antes de procurar determinar-lhe os efeitos."(Durkheim, 1972: 78-80 e 83; cf. 95-96).[4]

Coloca a fé na ciência acima da fé no que ele próprio teoriza a respeito dos fenômenos sociais como "coisas exteriores": "Se sua exterioridade não for senão aparente, a ilusão se dissipará à medida que se processar o avanço da ciência e ver-se-á, por assim dizer, o exterior se recolher ao interior." (Durkheim, 1972: 24) Suas regras do método sociológico, que repousam nessa exterioridade, não pretendem, pois, um teor dogmático.

Até que ponto, cem anos depois, essas premissas durkheimianas fundamentais, constantes sobretudo de seu clássico *As Regras do Método Sociológico*, de 1895, permaneceriam válidas? Válidas em momento como o nosso, que já se poderia considerar como de pós-modernidade científica?

Decerto essas premissas são modernas e são iluminísticas. Durkheim apresenta, de fato, uma perspectiva do social que é crítica, criativa, independente em face à autoridade enquanto apenas autoridade, seja esta última religiosa ou temporal. Não admira que tenha, em sua época, sido taxado de revolucionário, e recentemente, ao contrário, de conservador ... Não admira que haja sido considerado materialista, quando tão-só reivindicava a autonomia do conhecimento científico no campo que lhe é próprio. Iluministicamente tem "fé no futuro da razão"

---

[4] Todas as frases de Durkheim que são citadas neste escrito foram confrontadas com o original francês - Durkheim, 1968: *passim*. O original é mencionado apenas quando se tenham feito pequeninas alterações à excelente tradução brasileira.

(1972: XVIII), na extensão ao saber social da objetividade da metodologia científica (cf. Binetti, 1986: 605-606 e 610-611).

Mas, se Durkheim é moderno em sua cientificidade, poderia ser tida esta sua cientificidade como pós-moderna?

Propriamente não poderia, e, na verdade, seria demasiado exigir do mestre francês algo que só se tornou claro após a sua morte: a ênfase no espírito de dúvida como intrínseco e inarredável do próprio conhecimento científico, mesmo quando considerado confirmado. Esse espírito enfático de dúvida é típico de uma pós-modernidade científica (ou, se se prefere, de uma nova modernidade científica).

A ciência atual duvida de tudo, inclusive de si mesma. Não se considera exata, mas apenas probabilitária. A exatidão passou a ser confinada apenas a saberes formais, convencionais, como a Lógica e a Matemática, e na medida apenas em que não se refiram à realidade (neste sentido Einstein, *apud* Aldrup, 1977: 174). Todo conhecimento do real é duvidoso, mas se continua acreditando na razão humana e em leis científicas, embora se trate de uma fé que não é, de modo algum, cega, justamente porque ultra-racionalizada. Ou seja, quanto à razão científica humana, se acredita duvidando, ou, se se prefere, e é o mesmo, se duvida acreditando. A fé na ciência se torna nitidamente relativa.

Na Física atual, com a teoria da relatividade e a teoria quântica, ficou clara a ingenuidade da fé do século passado no conhecimento científico. Atualmente, como será possível um cientificismo, se o mundo das partículas elementares da matéria, antes que um mundo de coisas e fenômenos, representa "um mundo de tendências ou possibilidades" (neste sentido, Heisenberg, 1986: 156)? Pois que esse mundo apresenta um comportamento anômalo ou aparentemente anômalo de suas numerosas subpartículas.

Desse modo, a frase durkheimiana tão expressiva em sua época, pertinente a tratar os fatos sociais como "coisas", já não seria tão feliz hoje, quando o próprio objeto da Física se "descoisifica", se "desmaterializa"; quando a grande aspiração é construir uma autêntica teoria geral da energia (energia essa não necessariamente condensada ou coisificada). Uma teoria geral da energia que pudesse alcançar o próprio pensamento humano.

É bem verdade que Durkheim esclarece não afirmar que os fatos sociais sejam "coisas materiais", mas objetos a serem conhecidos por meio da observação e da experimentação, a partir do exterior, de tal sorte que "todo objeto de ciência é coisa", até os "próprios fatos da psicologia individual" (Durkheim, 1972: XXI-XXII, XXXIII, 24). Mais ainda: para ele, os fatos sociais são de "extrema imaterialidade" (1972: 79).

Contudo, se a palavra "coisa" já era ambígua ao tempo de Durkheim, hoje aumenta o teor de sua ambigüidade, já que o mundo básico das partículas elementares estudadas pela Física atual não é visto propriamente como um mundo de coisas materiais, no sentido tradicional. Acresce que nosso Autor, embora reconheça que os indivíduos são "os únicos elementos ativos" da sociedade, nela vê também "coisas" como seus "elementos integrantes" (1972: XXIV, nota I, 98).

Mas Durkheim já antecipa uma abertura ao pós-moderno quando sua ciência se afasta do materialismo dogmático e grosseiro tão comum nos meios científicos oficiais de seu tempo. Ele mesmo o diz: "Poderíamos com maior justiça reivindicar a qualificação contrária. A idéia de que os fenômenos psíquicos não podem ser derivados diretamente dos fenômenos orgânicos não constitui efetivamente a essência do espiritualismo? Ora, nosso método não é, em parte, senão uma aplicação deste princípio aos fatos sociais." (Durkheim, 1972: XVII, cf. 126 e 126 nota I; 1968: IX; cf. 1924: 48).

E já em sua época o mestre de Paris reconhece, quanto ao controle pela metodologia científica em geral, ser "a eliminação absoluta de todo elemento adventício (...) um limite ideal que não pode ser realmente atingido" (Durkheim, 1972: 113).

Recusa-se a explicar o mais complexo pelo mais simples: a explicar o mental, como se viu, pelo orgânico e o social pelo mental (1972: XVII, 105). Mas, tudo indica, a palavra "explicar" se usa aqui pelo mestre francês na acepção de que o mental e o social não são, respectivamente, redutíveis, isto é, igualáveis, ao orgânico e ao mental. Rejeita então as equações orgânico=mental e mental=social, pois que o mental significaria algo de novo (mais complexo) em relação ao orgânico, e o social algo de novo (mais complexo) em relação ao mental.

Em termos de relacionamento causal, a que Durkheim aspira (1972: 22, 27 nota I, 101-103) - e aspira a ponto de afirmar de modo redutivo que "a explicação sociológica consiste exclusivamente em estabelecer relações de causalidade", aí incluída também a ligação da causa a seus efeitos úteis (1972: 109) - se poderia hoje, contudo, entender a explicação científica como a possibilidade de deduzir o menos geral do mais geral (este último obtido por indução). E as proposições mais gerais e menos gerais da ciência são redutoras da complexidade do mundo. Assim, os fenômenos mais complexos são reduzidos à sua expressão mais simples e essencial, definindo-se algumas categorias conceituais estratégicas e a partir daí construindo-se as proposições científicas (com postulados em número reduzido). Nesse sentido de rigor metodológico atual, o mais complexo, que é o fático, se explica causalmente sempre pelo mais simples, que são as leis científicas.

Note-se que o mestre de Paris pretendia a obtenção de "leis precisas, relações determinadas de causalidade" (1972: 112), mas isso apenas através do método da "experimentação indireta, ou método comparativo." É que para ele não caberia em Sociologia "a experimentação propriamente dita", com fatos "produzidos artificialmente à vontade do experimentador" já que "os fenômenos sociais escapam evidentemente à ação do operador". Fala mesmo com ênfase da "impossibilidade de toda experiência artificial" em Sociologia (1972: 109 e 113). A Psicologia Social - ou Psicologia Coletiva como se dizia antigamente - não possuía ainda qualquer tradição experimental ao tempo em que Durkheim escreveu sobre a metodologia sociológica (1895). Porém, atualmente, com tantos experimentos psicológicos-sociais de laboratório, decerto já não se poderia dizer que os fenômenos sociais escapam a uma produção artificial. Hoje a postura durkheimiana quanto à experimentação propriamente dita em Sociologia se tornaria incompatível com a identificação explícita que faz entre Sociologia e Psicologia Coletiva: "a Psicologia Coletiva é a Sociologia por completo" (Durkheim, 1924: 47, nota I). Pois, se, para ele, Sociologia e Psicologia Social são a mesma coisa, a Sociologia decerto pode ser - e é - também capaz de experimentos de laboratório. E até macrogrupos podem ser submetidos à experimentação propriamente dita, através de *representantes* individuais adequadamente escolhidos - à semelhança do que se faz quando se trata das técnicas de entrevista ou questionário aplicadas ao macrogrupal (cf. C. Souto, 1984: 107-143, especialmente 141-143). Aliás, em qualquer circunstância, os macrogrupos não podem atuar senão através de indivíduos portadores (representantes) dos padrões do macrogrupo e que atuam como tais.

A pós-modernidade científica (diferentemente da artística) continua na verdade a ocupar-se de grandes questões teóricas (e isso é herdado da modernidade científica); e enquanto Durkheim se preocupava, e isso era tão útil, com uma independência da Sociologia em face "a qualquer filosofia" (1972: 123), hoje se vê como *também* útil, pela pós-modernidade científica, a abertura da ciência até o filosófico que possa contribuir à construção, pelo cientista, de hipóteses testáveis empiricamente (inclusive por via experimental propriamente dita). Coisa diversa é o imediatismo atual da técnica com base em ciência (cf. Lyotard, 1988: 88-89).

Apenas, a fé na razão científica se relativiza hoje muito, pois se tornou muito claro que o que é (mesmo experimentalmente) incontrolável, coexiste sempre com um acerto tão-só provável. Já não existe uma razão de certeza substantiva, mas uma razão de conteúdo que é apenas probabilitária.

Não se contesta cientificamente a fé no racional - persistindo válida a fé durkheimiana na ciência - mas é a fé na incerteza do somente provável. E nessa acentuada relatividade, que atinge até as proposições determinísticas da ciência (que, no entanto persistem, embora relativizadas), se parece ter uma mudança suficiente para caracterizar uma neomodernidade (cf. Rouanet, 1986: *passim*) ou, mesmo, pelo grau da ruptura, uma pós-modernidade.

3.2. O fato social como fato normativo e o fato normativo jurídico: rumo a uma maior abrangência teórica

Na perspectiva clássica de Durkheim (1972: 3), o fato social é maneira de agir, de pensar e de sentir exterior ao indivíduo e impositiva em relação a ele. O fato social não teria por substrato o indivíduo, mas a sociedade ou qualquer de seus grupos parciais (1972: 3, 89).

Daí a definição: "É fato social toda maneira de agir, fixa ou não, suscetível de exercer sobre o indivíduo uma coerção exterior" (Durkheim, 1972: 11, cf. 106-107).

Nesse modo de definir é clara a identificação entre fato social e fato normativo, pois o fato social é maneira de agir coercitiva. Para Durkheim (1972: 7, 9, 88-89), o que é social é obrigatório.

Contudo, se o fato social é igual a fato normativo, para o mestre francês esse fato normativo é apenas grupal, pois, para ele, o substrato do fato social é tão-só o grupal. Conviria porém uma maior abrangência teórica com base na própria observação. Na verdade, há interação social, isto é, ação relacionada *e exteriorizada* entre pólos mentais (comunicação exteriorizada de padrões), mesmo que não permaneça a relação sócio-interativa e que não haja, na relação, aceitação em comum de padrões comunicados. Ou seja, pode haver uma determinada interação social sem aí existir interação social grupal. Somente esta última é que implicaria pelo menos alguma permanência do processo e a aceitação em comum de padrões.

Sendo a interação social simples ou não-grupal um fato observável, dever-se-ia dizer que é um fenômeno de "natureza mista", "sociopsíquico", para usar de uma terminologia de Durkheim (1972: 7, 97, nota I), para exprimir algo de individual e de social ao mesmo tempo? Tudo parece indicar que não: que antes se trata de fenômeno cujo caráter social se torna inequívoco pela sua clara exteriorização. Assim, todo grupal seria social, mas nem todo social seria grupal.

Entender-se-ia, então, por fenômeno social em geral (grupal ou não), o fato que não está apenas no íntimo da mente humana, mas que se exterioriza na comunicação inter-humana, resultando dessa comunicação como algo novo.

A nitidez sociológica da interação social simples é tanto mais clara que, além da sua exterioridade, ela sempre apresenta caráter impositivo para seus participantes - embora esse caráter impositivo não tenha necessariamente natureza grupal. Experimentos o comprovam: somente por ter conhecimento da resposta de uma ou algumas pessoas, tende o sujeito a conformar-se ao julgamento alheio (sobretudo se se trata de uma maioria ou de uma unanimidade). Desde 1900, com Binet, se verificou que quando um sujeito experimental ouve a resposta de um outro antes de, ele mesmo, responder, tende à mesma resposta que o outro (cf. Montmollin, 1965: 16, 30-31, 20, 24 e 26).

Na verdade, uma maior abrangência da perspectiva, indo-se até as geratrizes mentais do social (que são, basicamente, sentimento, idéia e vontade), torna claro que o fato social é impositivo, normativo, porque os pólos mentais (de onde deflui pela comunicação exteriorizada da interação social) já são sempre, em si mesmos, avaliativos e, pois, normativos. Na mente humana (e no mental humano tornado social pela exteriorização) encontramos sempre, indissociavelmente, idéia e sentimento de (preponderante) agradabilidade ou desagradabilidade. Ora cada associação sentimento-idéia (faticamente inseparável) é uma avaliação (agradabilidade=deve ser, desagradabilidade=não deve ser) que implica uma norma positiva (deve ser) ou negativa (não deve ser), mental ou social, na própria associação.

Os pólos do processo sócio-interativo sempre comunicam sentimento, idéia e vontade (esta última motor mais direto da ação). Ora, cada comunicação *siv* é sempre igual a uma norma de comportamento. Pois o elemento *s* é sempre sentimento (agradável) relativo ao que deve ser ou sentimento (desagradável) relativo ao que não deve ser.

Os elementos sentimento, idéia e vontade são inseparáveis (a não ser por abstração), de tal maneira que pela presença constante do elemento afetivo (*s*), cada composto *siv* é, afinal, sempre um padrão, regra ou norma. De fato, o elemento *s* torna cada composto *siv* sempre avaliativo, torna-o sempre um julgamento abstrato ou concreto do comportamento, o que implica normas abstratas ou concretas de comportamento.

Por isso qualquer conversa, (puramente íntima, interior, mental, ou exteriorizada socialmente) é redutível sempre, em tudo que se comunique, ao binômio "deve ser-não deve ser".

Desse modo, rigorosamente, um fato social não o é porque é impositivo, mas é impositivo ou normativo porque, *assim como o fato mental*, é sempre uma associação sentimento-idéia - associação essa apenas exteriorizada na interação social (interação simples) ou exteriorizada *e aceita em comum* em interação social com permanência no tempo (interação grupal).

Dentre os fatos normativos, Durkheim salienta a importância das regras jurídicas para a objetividade da observação científica: "Fora dos atos individuais que suscitam, os hábitos coletivos se exprimem por meio de formas definidas: regras jurídicas, morais, provérbios populares, fatos de estrutura social etc. Como estas formas existem de maneira permanente, como não mudam com as diversas aplicações que delas são feitas, constituem um objeto fixo, uma medida constante que está sempre à disposição do observador (...) Uma vez que estas práticas não constituem senão vida social consolidada, é legítimo, salvo indicações contrárias (...), estudá-la através daquelas cristalizações. (...) Para que a substituição deixasse de ser legítima, seria preciso ter razões para supor que, num momento dado, o direito não exprimiria mais o estado verdadeiro das relações sociais. (...) Através do sistema de regras jurídicas que a exprime, temos estudado a solidariedade social, suas formas diversas e a evolução destas." (Durkheim, 1972: 38-39; 1968: 45).

No *Da Divisão do Trabalho Social*, o mestre francês é ainda mais enfático quanto à importância metodológica do jurídico: "A vida social, em toda parte onde existe de uma maneira durável, tende inevitavelmente a tomar uma forma definida e a se organizar, e o direito não é outra coisa que esta organização mesma no que ela tem de mais estável e de mais preciso. (...) Se então pode ocorrer que haja tipos de solidariedade social que apenas os usos (*moeurs*) manifestem, são certamente muito secundários; ao contrário, o direito reproduz todos aqueles que são essenciais, e são os únicos que temos necessidade de conhecer" (Durkheim, 1960a: 29-30).

Mas essa identificação durkheimiana do direito com a organização social mais estável e precisa não é senão formal: o conteúdo do jurídico pode ser então qualquer um, pois não é especificado por uma definição prévia de uma composição social do direito. Assim, sem essa especificação, grupos sociais distintos, inclusive dentro de um mesmo país, poderiam e podem apresentar, sem qualquer limite, como direito, regras que se contradizem reciprocamente. Em nossa época já ficou muito claro, por exemplo, que regras do ordenamento do Estado e aquelas do de uma favela podem entrar em contradição. Na verdade, já não se pode dizer, com Durkheim, (1972: 39; 1968: 45), sem especificação prévia de conteúdo, que "uma regra de direito é o que é, e não há duas maneiras de a apreender".

Contudo, com sua lucidez habitual, o mestre de Paris bem sabe que sua abordagem metodológica é somente formal e inicial: "Não há dúvida de que, procedendo assim, deixaremos provisoriamente fora do âmbito da ciência a matéria concreta da vida coletiva; e todavia, por mais mutável que seja esta matéria, não temos o direito de postular *a priori* sua ininteligibilidade. (...) Somente em seguida será possível levar mais longe a pesquisa e, por meio de trabalhos progressivos de abordagem, ir cingindo mais de perto, pouco a pouco, essa realidade fugidia, que o espírito humano talvez não possa jamais abarcar completamente." (Durkheim, 1972: 39-40; 1968: 46).

Um século depois de *As Regras do Método Sociológico* já parece oportuno tentar uma maior abrangência quanto ao jurídico, para além do apenas formal e inicial de

TEMPO DO DIREITO ALTERNATIVO **63**

suas definições sociológicas usuais. Se o direito é fenômeno social, qual a matéria, qual o conteúdo, de sua composição social? O próprio Durkheim salienta, a propósito, das organizações sociais, a questão: "Como foram elas constituídas, isto é, de que e por intermédio de quê?" (Durkheim, 1972: 95-96).

Se quisermos tentar uma definição nada menos que transcultural desse conteúdo do jurídico, poderíamos dizer que *em qualquer cultura* se pode constatar que o sentimento de agradabilidade (sentimento de dever ser) do homem normal (homem médio) se pode informar de conhecimento geral empiricamente comprovado e/ou comprovável. Quando ocorra essa *composição* (mental ou socialmente), o fenômeno correspondente *poderá ser chamado* de direito.

Como "infra-estrutura" do sentimento de agradabilidade do homem normal se situa o "impulso" ("motivação") animal geral de conservação do indivíduo e da espécie (ou "instinto de conservação", que, para Durkheim - 1972: 115 -, "é uma de nossas tendências fundamentais"). Por "normal" está-se aqui entendendo o sentido durkheimiano clássico de normalidade como generalidade: são "normais" os fatos que apresentam as formas mais gerais", confundindo-se o tipo normal com o tipo médio (cf. Durkheim, 1972: 48 e 51).

A palavra "direito" parece apropriada àquele composto, pois este se faz de sentimento de agradabilidade (= sentimento de dever ser = sentimento de justiça) e de idéia acorde com o conhecimento menos inseguro possível, o comprovado ou comprovável faticamente. Nas culturas "civilizadas" este conhecimento é o científico-empírico, o comprovado ou comprovável por técnicas *sofisticadas* de pesquisa.

Esse composto tende, por sua própria natureza, a se expressar em formas organizatórias mais estáveis e precisas, mas não é necessariamente conteúdo delas, podendo exprimir-se por qualquer forma de comunicação.

3.3. O mental e o social: tentando-se ir para além de Durkheim, mas através dele

O "sociologismo" do pensamento durkheimiano não é, muita vez, senão uma caricatura injusta desse pensamento. Como se, ao afirmar uma especificidade do fato social em relação ao mental, o mestre francês tivesse necessariamente negado marcas de origem mental no social. Ao contrário, referindo-se à vida social, escreve que, "os atributos constitutivos da vida psíquica nela se reencontram, mas elevados a uma potência bem mais alta" (1924: 48).

Durkheim não elimina da Sociologia o mental e é ele próprio quem o afirma: "Embora dizendo e repetindo, expressamente e por todos os modos, que a vida social era toda feita de representações, fomos acusados de eliminar da sociologia o elemento mental." (1972: XIX).

Mais ainda: para nosso Autor, a Sociologia "é uma psicologia, *mas distinta da psicologia individual.*" E enfatiza: "Nunca pensei de modo diverso" (Durkheim, 1976: 166, cf. 1960b: 352). Na verdade, para o mestre de Paris, são idênticos o social e o psíquico-social e não-idênticos o social e o psíquico.

As marcas de origem mental no social estão reconhecidas de maneira mais definida no seguinte trecho de Durkheim, referente ao que denomina "agregado": "É ele que pensa, que sente, que quer, embora não possa querer, sentir ou agir, a não ser por intermédio de consciências particulares" (Durkheim, 1924: 36). Pena que essa menção, que tudo indica tão estratégica, a elementos essenciais do psíquico e do psíquico-social (a menção a idéia, sentimento e vontade) não tenha merecido do Mestre um tratamento sistemático, e não apenas ocasional.

Esse tratamento sistemático teria sido natural ao pensamento durkheimiano que, como premissa generalíssima, aceita que "a natureza de todo produto depende necessariamente da natureza, do número e do modo de combinação dos elementos componentes" (Durkheim, 1972: 70).

É pena ainda que Durkheim, reconhecendo embora, como foi visto, quanto à vida social, que "os atributos constitutivos da vida psíquica nela se reencontram, mas elevados a uma potência bem mais alta", acrescente enfaticamente: "e de maneira a constituir algo inteiramente novo." (Durkheim, 1924: 48). Essa linguagem enfática (que reflete a intensa preocupação da época constitutiva da Sociologia em distinguir o social do mental) e sua aceitação literal por inúmeros discípulos atuais, tem prejudicado um desenvolvimento científico no sentido da construção de uma teoria geral unificada do mental e do social.

Na verdade, o social, se constitui decerto algo de novo em relação ao mental que lhe é geratriz, não pode constituir algo de *inteiramente* novo quanto a esse mental, pois que, como Durkheim mesmo o aceita, os atributos do mental nela se reencontram.

Como pretende o mestre francês, os fenômenos sociais são exteriores aos indivíduos (1972: XXIV e *passim*) e nessa exterioridade é que estará sua marca fundamental de distinção em relação aos fenômenos mentais (assegurando-se especificidade à Sociologia por essa distinção).

E essa simples e lúcida distinção entre o mental e o social, que permanece, ao que tudo indica, válida, abre a Durkheim, não menos lucidamente, a perspectiva do futuro - o possível futuro de uma unificação teórico-geral quanto ao mental e ao social, não obstante a especificidade deles. A caricatura sociologista usual do pensamento do Mestre é que lhe não percebe essa delicada nuança.

Seja concedida, a esse propósito, a palavra a Durkheim: "No entanto, uma vez reconhecida a heterogeneidade, cabe perguntar se as representações individuais e as representações coletivas não se assemelham, desde que umas e outras são igualmente representações; e se, devido a tais semelhanças, certas leis abstratas não seriam comuns aos dois setores." E se responde: "Se quiséssemos examinar rigorosamente a questão assim colocada, nenhuma solução categórica lhe seria aplicável no estado atual de nossos conhecimentos. (...) Ora, embora o problema mereça tentar a curiosidade dos pesquisadores, pode-se dizer que tem sido apenas abordado; e enquanto não forem encontradas algumas dessas leis, será evidentemente impossível saber com certeza se elas repetem ou não as leis da psicologia individual." (Durkheim, 1972: XXVII-XXVIII).

Ora, dificilmente se poderá conceber trecho menos sociologista e mais aberto quanto ao futuro, e é o próprio Durkheim quem assevera, sobre o que chama de pensamento coletivo, que fica "para o futuro o cuidado de procurar em que medida se assemelha ao pensamento individual" (Durkheim, 1972: XXVIII-XXIX).

É bem verdade que ele remete esse problema "antes à filosofia geral e à lógica abstrata do que ao estudo científico dos fatos sociais" (1972: XXIX). Mas isso será apenas expressão típica de sua época de Física materializada, em que não se aspirava a uma teoria geral da energia que tivesse abrangência máxima; quando hoje essa aspiração de unificação teórica mais abrangente torna mais que natural aquela aspiração menos abrangente por uma teoria geral do mental e do social - sem qualquer recurso imediato à Filosofia.

O mestre francês mantém seu pensamento em clima de clara abertura ao futuro: "Ora, no momento em que a pesquisa apenas começa, quando os fatos não foram ainda submetidos a nenhuma elaboração, os únicos de seus caracteres que podem ser atingidos são os que se mostram assaz exteriores para se tornarem imediatamente visíveis. Os que estão mais profundamente situados, são, sem dúvida, *mais essenciais; seu valor explicativo é mais elevado*, mas são ainda desconhecidos nesta fase da ciência" (Durkheim, 1972 :30, grifos nossos; cf. 1972: 36). Decerto, como queria Durkheim (1972: XXVIII), as leis do pensamento social serão tão específicas quanto esse pensamento. Mas haverá leis comuns ao social e ao mental. Ele próprio o entrevia com toda clareza, referindo-se a "leis da mentalidade social" e leis psicológicas: "entre umas e outras, ao lado de diferenças certamente importantes, existem similitudes que a abstração poderá desentranhar e que além disso são ainda ignoradas." (Durkheim, 1972: XXVIII).

As leis de uma teoria geral unificada do mental e do social se situam, na verdade, para além dos territórios ora atribuídos à Psicologia e à Sociologia. Constituiriam um terreno científico-empírico comum, metapsicológico e metassociológico.

De fato, poder-se-á definir a interação mental como ação relacionada entre pólos mentais (de um indivíduo) e a interação social como ação relacionada *e exteriorizada* entre pólos mentais (pólos mentais esses todos que se comporiam basicamente de sentimento, idéia e vontade).

Não será senão a exteriorização dos pólos mentais interativos que produzirá o fenômeno novo que é o social, decerto mais complexo por implicar a ação de mais de um indivíduo e podendo chegar até a complexidade máxima conhecida cientificamente, que é a sociedade humana (esta última envolvendo um alto índice n de exteriorizações mentais).

Assim, não há por que um modelo teórico geral que se ocupe do humano em geral (para além do apenas orgânico) se limite tão-só ao coletivo humano.

Postulados de um modelo teórico unificado mental-social poderiam então ser comuns aos campos mental e social (limitando-se a especificidade desses campos, nos postulados e em proposições deles deduzidos, *somente à referência respectiva à interação mental ou à interação social*). Isso sem prejuízo de que *as causas próximas* dos fatos sociais, como quer o mestre de Paris, sejam procuradas na especificidade do social, que, contudo, é reconhecido por ele *como ser psíquico também*: "(...) as almas individuais dão nascimento a um ser, psíquico se quisermos, mas que constitui individualidade psíquica de novo gênero (...) É, pois, na natureza desta individualidade, e não na das unidades componentes, que é preciso ir buscar as causas próximas e determinantes dos fatos que nela se produzem (...). Por conseguinte, todas as vezes que um fenômeno social está explicado diretamente por um fenômeno psíquico, pode-se estar certo de que a explicação é falsa." (Durkheim, 1972: 90-91).

Esclarece ainda Durkheim: "Como já mostramos, é de início incontestável que os fatos sociais são produzidos por uma elaboração *sui generis* dos fatos psíquicos. Mas, além disso, esta própria elaboração não deixa de ter analogias com o que se produz em cada consciência individual" (Durkheim, 1972: 96-97).

E, referindo-se a uma dedução da natureza individual, chega o mestre francês a admitir: "(...) somente as formas mais gerais da organização social podem, em rigor, derivar desta origem." (Durkheim, 1972:107, nota 2, 1968:122, nota 2).

Entendida por conduta mental uma maneira de atuar em uma situação de interação mental e por conduta um modo de atuar em uma situação de interação social, aqueles postulados seriam os seguintes, em forma simplificada de apresentação: 1) Quanto maior a idéia de semelhança que o ator de uma conduta mental ou social tenha, tanto maior a agradabilidade sentida por ele, e tanto maior a última, mais será desejada por ele; 2) Quanto maior a semelhança entre um pólo de interação mental ou social (tal como definida por ele esta semelhança em função do que aceita) e outro(s) pólo(s) interativo(s), tanto menor a distância mental ou social do primeiro pólo em relação ao(s) outro(s) pólo(s). Note-se que esses postulados, em sua alta generalidade, alcançam não apenas microfenômenos sociais, mas ainda macrofenômenos sociais, e essa abrangência pode estender-se a teoremas (proposições menos gerais) deduzidos ou dedutíveis dos postulados.

Note-se ainda que os postulados são apresentados de modo subjetivo com base na avaliação dos pólos interativos, avaliação essa quantitativa, e sobretudo qualitativa (pela importância atribuída), de semelhanças e dessemelhanças. Se proposições forem apresentadas de modo objetivo (com base em semelhança objetiva, e não em *idéia* de semelhança) se tornarão acentuadamente probabilitárias, e não serão determinísticas, como as acima mencionadas (se x, então *sempre* y).

Esse caráter acentuadamente probabilitário se deve a que uma percepção subjetiva de semelhança não corresponde de maneira necessária a semelhança objetiva (pode-se considerar dessemelhante o que é objetivamente semelhante e vice-versa), enquanto *sempre* se sente agradabilidade e *sempre* diminui a distância mental ou social em função de uma *idéia* de semelhança (ou de semelhança preponderante), *quer esta idéia seja equivocada ou não.*

É um dado experimental que a semelhança aproxima mental e socialmente (vejam-se, para o relato de experimentos nesse sentido, Freedman, Carlsmith e Sears, 1975: 92-95, Souto, 1984: 136-139 e 141). Contudo, para Durkheim, não só a semelhança pode aproximar, como também a dessemelhança pode fazê-lo - muito embora no caso apenas de as dessemelhanças se completarem de maneira recíproca, tal como ocorre quando há simpatia recíproca entre um teórico e um homem prático (Durkheim, 1960a: 17 e 18).

É bem de ver, todavia, que nesse exemplo o teórico e o homem prático, ambos, definem as características do outro como semelhantes ao que aceitam (pois, de outro modo, não se aproximariam) e, assim, como capazes de complementarem suas próprias características. Dessa maneira, o caso lembrado por Durkheim não traz perturbação real ao caráter determinístico (caráter "sempre") dos postulados apresentados acima, pois neles se liga a semelhança à sua definição subjetiva (semelhança com o que é aceito subjetivamente).

Para que se tenha uma rápida idéia dos teoremas que se podem deduzir dos postulados, em um modelo teórico unificado mental-social, mencionaremos aqui somente alguns desses teoremas (para outros teoremas dedutíveis, veja-se C. Souto, 1976: 353-363, 1988: 103-128, 1992: 103-107, 1994: 247-248).

1. Em uma interação mental ou social, se a idéia de semelhança (com o que é aceito) prevalece sobre a idéia de dessemelhança, o respectivo sistema de interação está equilibrado (contrabalançado); e inversamente.

2. Em uma interação mental ou social, se há equilíbrio permanente do sistema interativo, o processo resultante é associativo (integrativo).

3. Em uma interação mental ou social, quanto maior a semelhança (preponderante) entre pólos interativos (tal como definida por um ou mais deles), tanto maior o equilíbrio do sistema correspondente de interação.

4. Quanto maior o equilíbrio de um sistema de interatos mentais ou sociais, tanto mais prontamente ele controla qualquer acontecimento que possa perturbar a idéia de semelhança integrativa do sistema.

5. Em uma interação mental ou social, quanto menor a distância do(s) pólo(s) interativo(s) de outro(s) pólo(s) interativo(s), tanto menos energia será necessária para comunicação e controle.

6. Quanto mais a socialização (exposição a padrões sociais) se faça no sentido da semelhança entre pólos de interação mental ou social, tanto maior o equilíbrio do sistema de interatos correspondente a tais pólos.

7. No afastamento entre pólos interativos mentais ou sociais, quanto maior o afastamento, tanto maior a desagradabilidade. E quanto maior a desagradabilidade, tanto maior a tendência para o conflito. ("Conflito" neste teorema genérico expressa conflito mental - conflito interno - ou conflito social - luta).

8. Quanto maior a idéia de semelhança (e conseqüentemente quanto maior a agradabilidade de sentimento) no espaço mental ou social (de interação), tanto mais rapidamente a passagem do tempo (mental ou social) será experimentada no respectivo sistema interativo.[5]

O presente esboço de um modelo teórico-geral unificado (que alcança ao mesmo tempo o mental e o social) já deixa nitidamente implícito que o próprio grupo social - fenômeno social tão típico - não pode ser explicado *apenas* pelo que é coletivo, *se se aspira a um nível mais abrangente de explicação*. Isso sem prejuízo de que o grupo social tenha propriedades específicas, não atribuíveis a indivíduos (cf. Opp, 1988: 217).

De fato: sentimentos, idéias e volições existem tanto na realidade individual como na grupal. Quando *interiorizados* mentalmente, são elementos individual-psicológicos. Quando *exteriorizados* pela comunicação, tornam-se fenômenos sociais e, se aceitos em comum por dois ou mais indivíduos (e se permanece o relacionamento sócio-interativo), fenômenos grupais. O que é interiorizado em um momento, pode ser exteriorizado em outro, e vice-versa: o que é mental pode tornar-se social, e inversamente.

Pode-se então explicar o coletivo apenas pelo coletivo (cf. Durkheim, 1972: 96 e 98) *tão-somente em um nível*

---

[5] Para ter-se uma noção do poder explicativo e da operacionalização experimental do presente modelo unificado, veja-se o que se escreveu, a esse respeito, sobre modelo teórico-geral do social: C. Souto, 1988: 119-126. Esses dois modelos são claramente afins e só se distinguem pelo nível de generalidade. O modelo unificado tem muito alto poder explicativo, parecendo abranger toda a conduta humana.

menos abrangente de explicação. Esse nível menos abrangente, conduzindo a uma auto-suficiência explicativa da abordagem coletivista no pensamento social, poderá ter sido adequado aos momentos iniciais de constituição da Sociologia como disciplina científica autônoma.

Porém, hoje é preciso reconhecer que o próprio grupo social, embora não se possa igualar à realidade mental individual, a tem em sua origem e apresenta claramente as marcas de sua origem, mesmo porque não existe mente grupal real, pois os grupos sociais não são entidades corpóreas: eles são o que é sentido, pensado e querido *em comum* por mentes individuais.

Já parece ser o momento de aspirar-se a uma explicação teórica unitária, válida, na alta abrangência de sua generalização, não somente para as ciências sociais, mas para as ciências do homem em geral. Parece possível até uma explicação teórica unitária mais geral ainda, pois referida à conduta dos animais superiores, e não apenas à conduta humana (cf. C. Souto, 1994: 250; A. Souto, 1991: 303-309).

A primeira dessas possibilidades está aberta no próprio Durkheim, como se viu. Trata-se, pois, de tentar caminhar, com o auxílio do mestre francês, mas um pouco para além dele e de sua época.

CAPÍTULO IV

Moral legal, moral social e racionalidade científico-social objetiva: um uso alternativo na prática forense*

---

* Escrito em colaboração com Theresa Souto, Promotora de Justiça da Capital (Estado de Pernambuco), Mestra em Direito pela Universidade Federal de Pernambuco.

4.1. A normatividade estatal como agente de conservadorismo e de mudança

Observa-se que, em muitas situações, a legalidade estatal não consegue acompanhar as relações sociais em sua acentuada dinamicidade. Mas não menos observável é o fato de que a normatividade codificada, em certas situações, pode vir a ser agente de mudança mental e social.

Estamos usando a palavra "mudança' em sua acepção restrita de alteração de padrões mentais ou sociais considerados *básicos*, já que a alteração *lato sensu* de padrões mentais e sociais é uma constante humana.

Se o conteúdo legal for mais avançado, em termos de uma determinada moralidade, como a crista, a exemplo de um Código Penal como o brasileiro, ter-se-ia que os respectivos preceitos seriam um agente de mudança nos grupos sociais onde houvesse critérios intelectualmente mais rudimentares acerca da justiça. Estes critérios seriam inferiores à moralidade tomada como padrão de referência, pois que vista como padrão ideal de comportamento, por corresponder a maior desenvolvimento intelectivo.

O legal está aqui fortemente relacionado com o ético, de vez que a codificação penal teria também acentuado conteúdo moral.

Aquilo que se consubstancia em lei tende a evoluir em uma sociedade (vista como um todo) menos rapidamente do que os fatos sociais - já em virtude de sua cristalização escriturístico-formal mesma. Contudo, o legalizado que se pretende vigente em toda uma sociedade, quando é aplicado a subsistemas dessa mesma sociedade, nos quais se poderia considerar um nível de evolução intelectual inferior àquela padronização como um todo, funcionará como agente de mudança social (embora a mudança venha a ocorrer gradualmente, pois a própria aplicação da lei poderá ser então algo de muito difícil).

Tem-se, então, que o mesmo conjunto de leis, dependendo do contexto em que for inserido, poderá funcionar como agente de mudança, no sentido de impulsionar a transformação mental e social dos indivíduos - eis que aquele conjunto disporia de padrões comportamentais mais avançados do que os reinantes em grupo social particular - ou, ao contrário, ser instrumento de conservadorismo, funcionando como obstáculo à evolução ético-social.

A nossa legislação penal, por exemplo, é eticamente contrária à vingança, e todavia é muito difícil incutir-se em determinados grupos sociais que vingança não poderia ser algo de justo, pois há neles um critério social de justiça vivamente dissociado do legal: justo seria simplesmente revidar uma agressão, ainda que a mesma não seja legalmente injusta e atual ou iminente (consoante o art. 25 do CP, cujo conteúdo clássico é o seguinte na íntegra: "Entende-se em legítima defesa quem, usando moderadamente dos meios necessários, repele injusta agressão, atual ou iminente, a direito seu ou de outrem.").

Naquele sentido, tem-se clara interpretação jurisprudencial: "A legítima defesa não é desforço, é proteção. Não tem por fim punir, mas prevenir. Se o dano ainda não está realizado, mas se apresenta como perigo atual ou iminente, cabe a legítima defesa, a reação que busque evitar a lesão ao bem jurídico. Mas, se esta já se produziu, não se pode mais falar em defesa, mas em vingança e, então, já não se aplica a isenção de crime" (TJSP - Rec - Rel. Márcio Bonilha - RT 565/301, *apud* Silva Franco *et alii*, 1990: 130).

4.2. Moral legal e moral social: uma possível antinomia a resolver

Esses grupos sociais vingativos vivem sob a moral bíblica, mas a moral efetivamente mais vivida por eles é a moral encontrada no Antigo Testamento, no sentido de revidar-se o mal com o mal e isso sendo considerado justo. No que tange ao tópico vingança, esses grupos sociais, não obstante formalmente cristãos na grande maioria dos seus membros, apresentam um cristianismo de rituais místicos e de fórmulas, ligado a lugares e coisas materiais de devoção, e não à religiosidade substantiva que implica o perdão sem limites das ofensas, em nome de um amor de caráter universal.

Na verdade, essa perspectiva mais sutil e evangélica do cristianismo não consegue penetrar senão paulatinamente nas comunidades rurais ou urbanas não-instruídas, cujo tempo social é semelhante àquele do Antigo Testamento.

Se bem que o Estado não possa deixar de julgar, a fim de evitar-se o mal maior das impunidades criminosas, o seu julgamento já se inspira - em se tratando de Códigos Penais ocidentais - na moral cristã, em tudo que não possa gozar de uma mera informação técnico-formal ou de uma informação científico-empírica.

Dessa maneira, penaliza-se a vingança privada. Admite-se em nossa legislação penal apenas as circunstâncias excludentes de criminalidade que são o estado de necessidade, a legítima defesa e o estrito cumprimento do dever legal ou o exercício regular de direito (art. 23 do CP).

Mas o Código Penal brasileiro, como outros códigos penais modernos, se acolhe os princípios gerais da moral cristã, não o faz contudo explicitamente. Nem o poderia fazer, em virtude do princípio constitucional da laicidade do Estado. Entende-se que esses princípios são ecumênicos, na acepção de serem comuns a todas aos morais consideradas superiores, por se basearem na benevolência, na indulgência e no perdão - excetuada naturalmente a prerrogativa do Estado de punir em defesa da sociedade. Assim como se excetuam a legítima defesa e o estado de necessidade dos particulares.

Por outro lado, dificilmente se poderá defender, em uma perspectiva científico-social moderna do direito - e raramente se defende entre os estudiosos dessa perspectiva - , um monopólio do Estado na produção de regras consideradas "jurídicas", isto é, na produção de regras básicas de convivência social, vistas explícita ou implicitamente, como um mínimo ético indispensável a essa convivência. Na verdade, Estado não é, nem pode ser, igual a sociedade global, pois a parte não pode ser igual ao todo. Realisticamente o Estado é tão-só o grupo social parcial (menor que o todo) dos homens de governo (entendido governo em sentido lato, não só como executivo, mas também como legislativo e judiciário).

Assim, se o Estado produz normas básicas, igualmente as produzem grupos sociais não-governamentais, freqüentemente ao arrepio dos padrões fixados pelo Estado. Então como escolher entre padrões sociais e estatais conflitantes?

Suponhamos a ação do Ministério Público em comunidade interiorana que aceita, através do seu corpo de jurados, o princípio da vingança privada e, portanto, se situa mental e socialmente na moralidade típica da época do Antigo Testamento (ainda que sem conhecimento necessariamente explícito do mesmo).

Esse princípio é padrão fundamental da cultura da comunidade e, portanto, para a comunidade, o padrão vingativo é direito: direito vivo ou social, na perspectiva clássica dos estudos sociojurídicos (cf. Ehrlich, 1929: 399, *Vorrede*, 8, 29-30, 130 e 405).

De uma maneira genérica, a opção que se faça entre a norma básica estatal e a norma básica social, defluirá das seguintes posturas fundamentais: a) aceita-se *a priori* a norma estatal porque ela é legal e não é de aceitar nada que contrarie a lei; b) aceita-se *a priori* a norma social porque ela é legítima no sentido de corresponder ao que a maioria ou a unanimidade do grupo acha que deve ser.

Ambas essas posições em moda, respectivamente ou no foro, ou em parte dos que defendem para a prática um "direito alternativo" (cf. Arruda Júnior, 1991: *passim*) são posições formais, eis que se decide aprioristicamente de modo independente de conteúdo, embora a última posição seja mais abrangente em seu pluralismo social.

Ocorre na verdade que nem o Estado, nem qualquer grupo social têm decisões necessariamente racionais. Seria então "direito" algo ligado à forma estatal ou grupal independentemente de racionalidade? O racionalmente torto a título de que se chamaria de direito? A título do puro poder estatal ou de puro poder social? Neste caso a resposta afirmativa poderia ser realista, mas de um realismo cínico, incapaz de satisfazer a uma racionalidade objetiva.

4.3. Para além de formalismos estatais ou sociológicos: em busca de uma racionalidade científico-social objetiva para a decisão jurídica

Mas existe uma racionalidade objetiva (ou seja, é ela uma realidade, e, assim, contraponível à realidade do poder)? Decerto não existe para o homem em um sentido absoluto, ou seja, no sentido de uma exatidão, e sobretudo de uma exatidão inalterável. Ao contrário, se reconhece hoje em dia amplamente que todo conhecimento substantivo humano - isto é todo conhecimento não-formal - é meramente probabilitário e nunca propriamente exato. Só haveria exatidão no domínio do convencional.

A racionalidade objetiva relativa menos insegura de que se dispõe é a racionalidade da ciência empírica, ou seja, da ciência baseada na observação metódica e tecnicamente controlada dos fatos. Se se pretende que o direito tem por objetivo fundamental a segurança, dificilmente se pode atingir de modo otimizado esse objetivo, em termos da racionalidade de sua informação cognitiva, senão através da ideação menos insegura que se conheça, a qual é reconhecidamente aquela de acordo com a ciência empírica.

Seria isso um cientificismo estranho aos meios jurídicos e à racionalidade formal do seu discurso próprio? Muito dificilmente: pois a forma legal é compatível com qualquer conteúdo, e a idéia de cientificismo em ciências substantivas modernas é algo com sabor de obsolescência quando referido a atividade que esteja sendo realmente científica em termos de atualidade. Que cientista contemporâneo pode ser cientificista, com uma confiança fechada em sua ciência, quando se sabe que as verdades humanas são relativas e que as proposições científicas, ainda quando *muito abstratamente* determinísticas, não são senão probabilitárias, jamais exatas?

Seria, por outra parte, a ciência empírica um instrumento de dominação a ser utilizado por donos do poder econômico ou do poder político, quer a nível estatal, quer a nível de quaisquer outros grupos sociais? Decerto que a ciência empírica pode ser um instrumento de dominação, como pode ser também um instrumento de libertação de pessoas oprimidas por aqueles poderes. Pois ciência que seja o mais possível objetiva (embora, como produto humano, não possa ser totalmente objetiva) não é senão apenas descrição e explicação da realidade como ela parece ser, e não como se gostaria que fosse.

Precisamente porque a ciência pode ser instrumento do que se considere ideologicamente como "bem", ou "mal", é que, sozinha, não pode compor um fenômeno real que merecesse a etiqueta de "direito" ("reto", "correto", "racional", "justo"). Antes parece necessário, para que se possa chamar de jurídico um fenômeno real, não só que seja ele cognitivamente *seguro* em meio às indeclináveis contradições ideológicas do real, mas que se faça referência, ainda que implícita, ao impulso animal geral de conservação do indivíduo e da espécie. E que se faça menção explícita do afetivo humano de que aquele impulso seria alicerce subliminar.

O fenômeno real que se poderia *chamar* de "direito" é o sentimento de agradabilidade do homem ligado a idéia informada científico-empiricamente. Esse fenômeno real existe independentemente de designações, mas por que não chamá-lo de direito? Pois se pode considerá-lo racional e justo (veja-se Souto, 1984: 82-84, 90-93).

Já os fenômenos moral e eqüitativo se constituiriam do sentimento de agradabilidade ligado a idéia respectivamente informada de conhecimento metacientífico ou de conhecimento das circunstâncias particulares de um caso concreto (Souto, 1984: 82 e 90);

O fenômeno jurídico pode ser mental, ou social, ou grupal. Mas em relação a um grupo determinado, não é necessariamente legal, nem é necessariamente majoritário. Por sua vez, o conteúdo das leis pode ser jurídico, ou moral, ou pode ser outro conteúdo qualquer.

Por mental estamos entendendo o processo interativo em que os pólos afetivo-ideativo-volitivos não se exteriorizam em interação social (esta sendo a ação relacionada e exteriorizada de pólos afetivo-ideativo-volitivos). Já o grupal é o processo sócio-interativo com aceitação em comum de padrões e com alguma permanência no tempo (cf. Souto, 1984: 25 e 56).

O jurídico como entendido acima é padrão objetivo básico de aferição de condutas independentemente de apriorismos formalistas estatais ou grupais majoritários. Na verdade, se o grupal em suas maiorias tem a presunção de verdade do senso-comum, trata-se de presunção apriorística passível da exceção de verdade da realidade objetiva das coisas tal como aferível pelo conhecimento menos subjetivo e opinativo que se conhece - o da ciência empírica.

4.4. O Ministério Público como *custos legis*, *custos societatis* e *custos juris*: o exemplo do crime por vingança

Tradicionalmente se vê a ação do Ministério Público, que é o iniciador exclusivo da ação penal, como sendo a de guardião da lei *(custos legis)*.

Recentemente, contudo, a perspectiva sobre o Ministério Público se amplia em direção ao social. Assim é que o Ministério Público passa a ser visto, não só como *custos legis*, mas, não menos essencialmente, como *custos societatis*, isto é, como guardião de padrões sociais básicos.

No que pertine ser a função do Ministério Público mais ampla do que a de *custos legis*, escreve Mazzilli: "(...) não há confundir o interesse do bem geral (interesse público primário) com o interesse da administração (interesse público secundário), ou seja, o modo como os órgãos governamentais vêem o interesse público. Essa distinção evidencia que nem sempre, ao contrário, está a coincidir, respectivamente, o interesse público primário com o secundário. E é pelo primeiro deles que deve sempre zelar realmente o Ministério Público. E, nesse sentido, o interesse público primário (bem geral) pode ser identificado com o interesse social, o interesse da sociedade ou da coletividade, e mesmo com os mais autênticos interesses difusos (o exemplo, por excelência, do meio ambiente)". (Mazzilli, 1989: 48).

Ocorre todavia que essas funções, a de *custos legis* e a de *custos societatis*, não parecem suficientes para o esclarecimento teórico da atividade do Ministério Público e da atividade judicante subseqüente. Suponha-se uma oposição frontal entre padrões legais e padrões básicos de uma comunidade interiorana. Como escolher entre esses padrões? Dando preferência à lei? Mas com que fundamento? Só porque é ordenado estatalmente? Ou se decidiria pelos padrões da comunidade? Porém, com que fundamento? Só porque corresponde à vontade de uma maioria?

Por si sós, ambas as opções seriam igualmente dogmáticas e aprioristicas no sentido de que previamente se tem a solução formal, seja qual for o conteúdo da regra a aplicar.

Conviria, pois, dilatar ainda a nossa visão do Ministério Público ou de qualquer outra atividade da prática forense.

Desse modo, o Ministério Público não seria apenas *custos legis* e *custos societatis*, porém ainda, e também fundamentalmente, *custos juris*, ou seja, guardião do direito. Guardião do direito não entendido necessariamente como lei, nem entendido fatalmente como vontade de uma maioria social, mas entendido como algo necessariamente harmônico com informação científico-empírica do sentimento de agradabilidade do homem normal (agradabilidade diante do que se acha que deve ser).

É claro que isso não significa que se defenda um procedimento *contra legem* ou *contra societatem* como o geral da prática forense, o que perturbaria a segurança das relações sociais (com base no conhecimento de padrões prévios de ampla divulgação). Significa sim que se devem explorar mais as perspectivas *praeter legem* e *praeter societatem* na prática forense. Numa palavra: pretende-se a complementaridade das perspectivas legal, social e jurídica na prática do foro.

Vejamos, a título de exemplo, como funcionariam complementarmente essas perspectivas no caso de crime por vingança. A legislação e a jurisprudência brasileira não reconhecem, como vimos, a vingança, considerada justa por uma comunidade, como excludente do caráter criminoso da ação. Contudo, a pura referência ao legal como justificativa da atividade denunciante e acusadora do Ministério Público choca o senso moral da comunidade (ainda situado em termos de Antigo Testamento). Essa pura referência seria então insuficiente à decisão por acarretar desnecessariamente, em seu caráter secamente dogmático, reações adversas da comunidade a um padrão legal de origem urbana e até certo ponto estranho à mesma comunidade.

Como o problema de vingança ou não-vingança é decerto um problema também moral, tudo indica que caberia ao Ministério Público, nesse caso, quando dos seus pronunciamentos, proceder para além da lei e para além dos padrões aceitos pela comunidade, procurando minimizar o impacto legal através da exposição de uma moralidade de respeito quase incondicional à vida humana.

Mas isso ainda não satisfaria às pessoas mais intelectualizadas, que indagariam de critérios para além dos dogmatismos legais e das moralidades não-testáveis cientificamente. Aí entraria o direito - não o "direito" dos dogmas de qualquer natureza, estatal ou religiosa, porém o direito como algo necessariamente baseado em ciência testável empiricamente.

Em nosso caso: quais seriam as conseqüências cientificamente previstas de uma política social de vingança?

Cientificamente, a resposta não é muito difícil: vingança, como atividade violenta, é instância do conflito (luta) social. Ora, conflito social, entendido como luta, é processo de agudo distanciamento no espaço social (espaço da interação social): é processo desequilibrante, ou descoesivo, ou desintegrador. Significa sociologicamente o extremo oposto do processo social de cooperação, este *sempre* equilibrante, ou coesivo, ou integrador, representando a própria essência dos grupos sociais - que passam a inexistir se neles não *prepondera* a cooperação.

86 CLÁUDIO SOUTO

Se o conflito social em si mesmo sempre é um processo de afastamento no espaço da interação social, contudo pode ter a função de prevenir um afastamento ainda maior. Assim, a ação repressiva policial pode ocasionar conflitos, porém conflitos maiores se teriam no meio social sem a repressão da criminalidade. Todavia, quanto mais diminuam as possibilidades de afastamento maior, pela diminuição dos processos de conflito social, maiores são as chances de estes serem apenas dissociativos (cf. Souto, 1988: 118-119).

Se se deseja, portanto, uma maior integração social, quer no meio rural, quer no meio urbano, é preciso diminuir os processos de conflito social por vingança e os processos de conflito social em geral. Eis a razão de base científico-empírica para que a vingança privada seja substituída pela repressão estatal da criminalidade.

CAPÍTULO V

Direito alternativo:
em busca de sua teoria sociológica

5.1. Direito alternativo: expressão recente de uma idéia antiga e generosa

"Direito alternativo" é uma expressão de nossos dias que desfruta, a partir da década de 80, mas especialmente na presente década, de um prestígio crescente entre a nova geração brasileira (e latino-americana) de professores, estudantes e práticos do Direito.

Até bem pouco não era assim: no Brasil, manifestava-se antes um verdadeiro imperialismo dos estudos jurídicos dogmáticos, reducionistas do direito ao Estado. O que não fosse direito estatal, não seria propriamente direito; e não teria sentido autenticamente jurídico uma legitimidade não-estatal ou antiestatal. Só o Estado produziria verdadeiramente direito ou só ele poderia reconhecer como jurídico o que porventura brotasse de fontes sociais não-estatais.

A atividade do jurista dogmático era então considerada como revestida de brilho e elegância lógico-normativos, o que disfarçava a olhos menos atentos o caráter antiquado, pré-iluminista, de uma postura que a si mesma se confessava - como ainda se confessa - nada menos que "dogmática", isto é, admitindo, embora apenas parcialmente, algo de indiscutível (cf. Lyra Filho, 1980: 11-12). Mas como justificar uma "ciência dogmática" de natureza não-religiosa, já que a ciência moderna, temporal, e dogmas, são coisas incompatíveis? Simplesmente enfatizando uma especificidade da "ciência jurídica", o que a distinguiria de todas as outras ciências modernas... Assim, não seria seu problema a verdade, mas sim a validade formal, com base no dogma da legalidade - não a legalidade das leis científicas, mas a legalidade do Estado, portanto a do poder político e a do poder econômico instrumentalizado do político. Dessa maneira, afinal se reduzia direito a poder: e, dentro dessa redução fundamental, uma linguagem modernamente sofisticada apresentava uma teoria e uma prática "jurídicas" cujo conteúdo continuava sendo essencialmente, como já o era nos primórdios do homem, o poder do mais forte. Poder este maldisfarçado pelas referências a justiça, liberdade e igualdade, que são mantidas em conotação tão formal, e, pois, tão vazia, que não podem descaracterizar o poderio efetivo e avassalador dos donos da hegemonia econômica e política. Tem-se, não necessariamente uma ordem legal e judicial de benefícios reais para todos, mas, necessariamente, uma ordem legal e judicial de benefícios reais aos poderosos.

Desse modo, se os juízes e tribunais em princípio aplicam direito e não o criam, em princípio aplicam as leis que consagram, comissiva ou omissivamente, a hegemonia dos mais fortes, dos vitoriosos na competição social. Fala-se de liberdade, igualdade e fraternidade, ontem como hoje: mas, ontem como hoje, são palavras sem efetivação mais profunda porque sem realização econômica. Basta ver o pauperismo das massas que se torna miserabilidade agressiva nos países com menos capacidade de competir (cf. Capeller, 1992: 78).

Nada disso admira, para quem procure ver: as competições são lutas "pacíficas", implicando rivalidade entre indivíduos e/ou grupos; e, nas lutas, uns ganham e outros perdem.

Apenas nas cooperações é que todos podem ganhar.

Os países do chamado terceiro mundo, como os da América Latina, geralmente perdem e, por isso, fica neles bem claro o contraste entre os que têm muitíssimo, para além do supérfluo, e os excluídos até da alimentação e da moradia: não admira ainda, pois, que na

América Latina, onde se combinam esse quadro social e uma tradição relativamente considerável de estudos jurídicos, tenha surgido e se desenvolvido, especialmente no Brasil, uma alternatividade jurídica como contraposta ao *status quo* da legalidade estatal (esta última caracterizando-se, em países como o nosso, pela insuficiência e ineficiência dos procedimentos decisórios oficiais, como lembra Adeodato, 1992: 159 e 164; cf. Junqueira e Capeller, 1993: 19-20). Pode-se dizer que o Direito Alternativo se tornou algo sobretudo brasileiro.

Na verdade, no primeiro mundo, inclusive nos Estados Unidos, a alternatividade quanto ao Direito é menos dramática e, pois, menos nítida (cf. Röhl, 1987: 517-518 e 523-524, Raiser, 1987: 202-203 e 210-213). Em geral se trata apenas de reação a uma "enchente" normativa e processual (*Normenflut, Prozessflut*) e à burocratização legal. Essa reação se apresenta como modos de desregulamentação e de alternativas dentro da Justiça e de alternativas à Justiça - estas últimas consistentes basicamente de procedimentos de juízos arbitrais (nesse sentido, Nöth, 1993: 77-78 e 78-82; cf. Röhl, 1987: 60 e 509-519, Raiser, 1987: 202-213). Vê-se o direito alternativo como "forma de regulação jurídica destinada a preencher as lacunas de um direito em vigor, seja à margem, seja nos interstícios deste último" (Arnaud e Bonafé-Schmitt, 1993: 11).

Essa alternatividade primeiro-mundista à Justiça tenta "uma regulação conflitual qualitativamente melhor", buscando-se o auxílio de métodos sociocientíficos, pois os juristas não trabalhariam cientificamente. Procuram-se as "causas conflituais mais profundas" (*tieferliegende Konfliktursachen, underlying causes*), e se chega a ver, de uma maneira geral, a desigualdade entre os homens como responsável por todos os conflitos. Mas tudo isso numa perspectiva antes funcional que causal (nesse sentido, Röhl, 1987: 515 e 516).

A ciência social do direito do primeiro mundo não conseguiu ainda, na verdade, definir de modo substantivo (pertinente a conteúdo) e genérico o conceito-chave que é o direito como fenômeno social. São apresentadas definições sociojurídicas do direito de caráter tão formal que podem abrigar conteúdos nitidamente contraditórios, em uma imprecisão conceitual significativa que afeta a possibilidade de proposições causais rigorosas sobre direito e realidade social. A alternatividade sociojurídica primeiro-mundista seria então tímida, prática e teoricamente.

Não parecendo razoável uma ditadura subjetivista do poder judiciário (aliás carente ainda, em geral, de uma maior formação científico-substantiva), não se pode pretender que o magistrado tenha, como regra genérica, a não-aplicação da lei - embora tenha também uma inegável e concomitante função criativa da norma, função esta atualmente em expansão (cf. Cappelletti, 1993:128-129, Faria, 1993: 42).

Nem se pode desconhecer que nem todas as leis privilegiam minorias poderosas ou estão envelhecidas (cf. Clève, 1991:117, Faria, 1993: 38). Mas se poderá afirmar que quanto mais dogmático seja o juiz, como intérprete e aplicador, menos servirá ao que se aspira como igualdade e liberdade humanas.

Diante da injustiça manifesta à luz de um conhecimento objetivo (isto é, objetivamente testável), sua missão fundamental de servidor do direito haverá de conduzi-lo ao *praeter legem* e, mesmo, em casos excepcionais, ao *contra legem* (sobre essa excepcionalidade, cf. Melo, 1994: 17 e 112-113, Lima, 1992: 45, Rodrigues, 1992: 196-197, Faria, 1993: 45-46). Porque, se o magistrado dogmático é, antes de tudo, o servo da lei, o magistrado verdadeiramente moderno e cientificamente pós-moderno é, antes de tudo, o servo do direito, entendido este como algo que implique, de modo necessário, racionalidade testável do conhecimento e sentimento de justeza.

Aí a alternativa ao dogmatismo que venha dos poderes legislativo e judiciário: alternativa que, devidamente aprofundada no plano teórico e no prático, se poderá erguer em nome do benefício de todos, e nem mesmo apenas em nome de uma maioria (cf. Correas, 1993: 17). E essa alternativa - que seria a idéia de um "direito alternativo" em face a leis vigentes que privilegiam os donos minoritários dos poderes econômico e político - se tem comunicado com força por palavras da moda a expressarem um pensamento antigo e clássico, que já encontra uma manifestação básica na chamada doutrina do direito natural.

A idéia de um pluralismo jurídico não é de hoje, não é pós-moderna: já está na antigüidade clássica jusnaturalista, na tensão e contradição possíveis entre o que seria justo por natureza e o que fosse imposto como justo por via legal e judicial.

O antecessor fundamental, implícito ou explícito, do "direito alternativo" será justamente o "direito natural": é que tanto um, como outro, se animam da idéia de justiça, já que os autores do "direito alternativo" se preocupam intensamente com justiça social (por exemplo, Wolkmer, 1992: 132-135, 138-139, Clève, 1991: 101) - e, por vezes, com uma postura ideológica esquerdista explícita (como, por exemplo, em Rodrigues, 1992: 184). A perspectiva do "direito vivo" é também antecessora do "direito alternativo", porém lhe é antecessora menos afim, pois que se limita a afirmar que "direito vivo" é o que domina efetivamente a vida social - qualquer que seja seu conteúdo. Todavia, o "direito vivo" e o "direito alternativo" têm a afinidade de não se preocuparem, ao contrário da perspectiva jusnaturalista, com princípios jurídicos invariáveis (cf. Rodrigues, 1992: 183).

Mas o "direito alternativo" latino-americano de hoje e seu antecessor básico, o "direito natural", são idéias generosamente humanitárias, mas vagas. Não definem, com relativa precisão, um conteúdo jurídico. Uma relativa precisão, embora em plano formalíssimo, a alcança contudo a dogmática tradicional, com fundamento na precisão relativa da lei. Trava-se então uma luta, ainda desigual, entre o ideologicamente generoso e o que se apresenta como formalmente preciso (cf. Campilongo, 1992: 54-55).

Seria definitoriamente "precisável", porém, um "direito alternativo"? E como se poderia fazê-lo? Esse seria o primeiro passo para a tentativa de construção de uma teoria rigorosa do "direito alternativo".

5.2. O que é direito alternativo? Como tentar uma maior precisão para seu conceito?

O direito alternativo é norma desviante em face à legalidade estatal, do mesmo modo que esta última lhe é desviante. Não coincide (ou não coincide de todo) o direito alternativo com a legalidade do Estado, pois, de outro modo, não lhe seria alternativa (não seria *outro* conteúdo: a palavra "alternativo" vem do latim *alter*, isto é, "outro"). Ou seja, o direito alternativo só é tal pelo desvio, pela não-identificação, pela dessemelhança, em relação ao conteúdo da legislação estatal (conteúdo este que também lhe é desviante e, portanto, lhe é também alternativo).

Essa idéia de desvio é, de fato, essencial à alternatividade jurídica. Ainda quem prefira falar, como Joaquim Falcão, não de oposição ou luta entre um "direito informal (inoficial)" e um "direito formal (oficial)", mas de um "sincretismo" entre eles, não lhes pode negar uma "convivência contraditória" (Falcão, 1994: 29) - contraditoriedade essa que significa desvio recíproco e, portanto, recíproca alternatividade.

Não se trata, simplesmente, pois, do *uso* alternativo (outro uso) das próprias leis do Estado, isto é, *a interpretação delas* que se procure fazer necessariamente no sentido do benefício geral, utilizando-se para isso de pequenas aberturas, existentes na própria legislação, e ampliando-se hermeneuticamente essas aberturas. Não é apenas o *praeter legem* para benefício dos desprotegidos economicamente, mas é o desvio aberto do sistema normativo estatal, é o *contra legem* - que se pode atuar, explícita ou implicitamente, em nome da justiça social (sobre uso alternativo da legalidade estatal, o chamado "uso alternativo do direito", - que haveria tido origem na Itália, no início dos anos 70 (Carvalho, 1991: 54), ou, mesmo, talvez já na década de 60 (Wolkmer, 1994: 270-271 e 299, Carrion, 1992: 69, Nascimento, 1994: 46) -, (cf. Paulon, 1986: 226-229, Guedes, 1987: 93-94, Clève, 1991: 114-118, Arruda Jr., 1991: 90-94, Bergalli, 1992: 21-25, Rodrigues, 1992:180-182, Pressburger, 1992: 56-60, Andrade, 1992: 85-86, Junqueira, 1992:107-109, Wolkmer, 1991: 48-50, 1994: 202, 256-257, 298, Nascimento, 1994: 52-57).

Do jusnaturalismo herda o direito alternativo a preocupação essencial com a justiça, do "direito vivo" a idéia de que é "alternativo" como direito grupal efetivamente existente e eficaz - embora sem o poderio do Estado.

Direito alternativo seria, então, aquele desviante da legislação estatal (ou de decisões judiciais baseadas nesta legislação), em nome de uma idéia social de justiça.

Nem todo direito é alternativo porque direito e legislação estatal podem coincidir, isto é, a legislação pode ter conteúdo jurídico. Ao passo que direito *alternativo* e legislação estatal são sempre reciprocamente contraditórios, são sempre reciprocamente desviantes. Se se torna estatal, o direito alternativo deixa de ser alternativo, embora não deixe de ser direito (cf., para uma perspectiva diversa, Carrion:1992: 70).

Ou seja: direito é gênero, direito alternativo é espécie de direito, por assim dizer sua espécie contestante, aquela que se opõe à legislação do Estado.

Mas o direito alternativo, tal como se tem apresentado usualmente até agora, possui uma referência grupal. Sua justiça é a assim considerada por um grupo social desfavorecido. Seu critério é, desse modo, quantitativo, de natureza grupal-majoritária. Desvia da legislação estatal em nome de uma justiça que se define por uma maioria grupal.

Isso torna o direito alternativo usual prisioneiro de uma perspectiva tão formal quanto a estatista, apenas mais abrangente porque referida a qualquer grupo social desfavorecido e não só ao Estado (excetuados apenas os grupos de criminosos comuns). E esse formal chega também ao formalismo porque se substitui o grupo estatal (grupo dos homens do poder oficial), por qualquer grupo, como critério de justiça. O que é decisivo é o que o grupo entenda como justiça e como direito, seja o que for. O que é decisivo é a forma "aceitação grupal", que passa a substituir a forma "aceitação estatal".

Porém as conseqüências desse formalismo grupal se tornam insuportáveis do ponto de vista de uma racionalidade substantiva. Há duas décadas, estudando a norma social desviante, tivemos a oportunidade de salientar que um critério meramente quantitativo-majoritário do desvio - critério esse comum em Sociologia - teria como resultado preferir-se, como padrão não-desviante, aquele da maioria de uma comunidade ignorante e refratária a aceitar a aplicação de medicamento, produzido pela técnica científica, que salvaria vidas em período epidêmico (Souto, 1974: 86).

Sem que se negue a importância do senso comum, não raro pleno de sensatez, parece, de fato, evidente que o majoritário-popular nem sempre é racional, não havendo, em termos objetivos, como mitificá-lo, fazendo-o critério *sine qua non* do conhecimento e de um conteúdo normativo preferencial.

Por isso, nenhum conhecimento científico deixa de antepor o testado ou testável empiricamente (pela observação controlada) ao conhecimento do senso comum. A própria pós-modernidade científica, salientando embora o caráter apenas probabilitário, e portanto dubitativo, de seu conhecimento, nem assim toma o do senso comum como critério preferencial do saber. E já Durkheim, trabalhando, faz um século, nos alicerces da metodologia sociológica, advertia de que o senso comum não poderia ter, na Sociologia, um realce de que não desfrutava nas outras ciências (Durkheim, 1972: XV, 28, 31-32, 125; cf. Aguiar, 1993: 23).

Uma legalidade popular, paralela à estatal e por vezes em oposição a ela, não pode então, só porque é popular, ser sempre critério de uma opção racional. A alternativa popular não será pois, sempre jurídica, se pelo jurídico entendermos algo de necessariamente racional e razoável.

Não se poderá pensar em regime político onde as pessoas em geral se sintam melhor que naquele onde o poder deflua do majoritário-popular, se respeitadas as minorias - sobretudo se a democracia política se complete por uma democracia econômica. Mas nem por isso o majoritário-popular será fatalmente critério de uma moralidade menos retrógrada.

Ao contrário: não raro ocorre que a moralidade popular, quer nas comunidades interioranas, quer nas cosmopolitamente urbanas, reflita uma mentalidade defasada no tempo e contemporânea do Antigo Testamento e da lei mosaica. É a moralidade e a "juridicidade" em que homem e mulher têm desigualdade de direitos, pois que o machismo, não raro o machismo violento, prevalece; em que, além disso, se consideram justificados a vingança privada, o "olho por olho, dente por dente" e os linchamentos sumários, sem maior averiguação da culpa.

Decerto isso é uma alternativa popular à legislação estatal; mas poderíamos chamá-la de *direito* alternativo? Só se preferirmos o "popular" ao racional, razoável e objetivo. Lembra com sabedoria Osvaldo Melo que "o erro existirá tanto em propor o alternativo como uma certeza do bom e do permanente, como em manter a norma injusta em nome do princípio da legalidade. (Melo, 1994: 68).

Em termos racionais, "estatal", "grupal", "popular", são meras formas a imporem conteúdos normativos, que são *de qualquer natureza,* justamente porque formas nada dizem necessariamente sobre conteúdos. Ora, o que é preciso caracterizar em termos objetivos é a composição social geral de um conteúdo jurídico *em si mesmo,* independentemente da forma - qualquer uma, armada ou desarmada - pela qual se manifeste. Com essa caracterização sociológica teremos um critério racional-objetivo para definir o direito, e, portanto, o direito alternativo (que é espécie do direito) e com ela teremos como decidir, *não-formalisticamente,* se é direito a norma estatal e se é direito a norma popular. Ou se nenhuma das duas é direito...

Em afinidade com aquele nosso estudo teórico-sociológico geral de duas décadas atrás, Luciano Oliveira escreve, de modo muito expressivo, sobre o drama conceitual da maneira comum de apresentar-se o "direito alternativo", apontando para o caráter freqüentemente conservador de um "direito" das favelas. Escreve ele: "Ocorre que, em muitas de suas manifestações, o direito da favela, longe de significar uma práxis libertadora, cristaliza ao contrário práticas de dominação que vão de encontro à própria noção de direitos humanos herdeira do iluminismo; vão de encontro àquilo que, em linguagem kantiana tantas vezes acusada de nefelibata, costuma-se chamar de 'maioridade do homem'. Do homem mas também das mulheres (...) A verdade é que, seja essa conclusão simpática ou não, julgamentos populares realizados no interior de comunidades brutalizadas pela miséria, costumam aplicar a lei de Charles Lynch: o veredicto é, muitas vezes, linchamento. E essa caricatura de 'Direito Alternativo' está em vigor hoje em dia no Brasil. (...) Como era de se esperar, essa justiça sumária reproduz as iniqüidades mais tristes da sociedade brasileira: 'O linchado típico é pobre, negro ou mestiço?'" (Oliveira, 1992: 197 e 198; analogamente, Wolkmer, 1992: 134-135, Andrade, 1992: 86-87, Junqueira, 1992: 110-111, 1993: 177-180, Marques Neto, 1992: 44-45, Carrion, 1992: 67, Faria, 1993: 37, nota 3).

A idéia de um direito alternativo, que é a própria idéia da oposição às injustiças da legislação estatal, é algo de muito importante para constituir-se em caricatura vaga o bastante para poder assumir traços de perversidade retrógrada, que, nem por ser popular, deixa de ser menos retrógrada.

Quem preferirá, hoje em dia, o preconceito, a superstição, a crendice, o fanatismo de um conhecimento popular, à objetividade testável de um conhecimento científico - apesar das falácias da ciência, falácias essas, contudo, em geral, sempre menores? Então, por que seria critério do direito alternativo, e do direito em geral, aquele conhecimento, e não este último?

Isso não quer dizer que conhecimento popular e conhecimento científico sempre se contradigam. A medicina popular, a medicina das ervas, não ensina, não raro, à medicina oficial? Pois não raro a ciência médica vai apenas confirmar, com os testes sofisticados de sua pesquisa, o poder curativo que a tradição apontara.

Mas quem preferirá, racionalmente, o conhecimento com base na observação não-controlada, ou pouco controlada, àquele fundamentado na observação bem controlada? Por que seria então critério do direito alternativo, e do direito em geral, aquela observação, e não esta última?

O direito, na verdade, se o quisermos algo de racional, se informará de conhecimento de *origem popular ou não*, desde que testado ou testável pela observação adequadamente controlada dos fatos. E, se o quisermos algo de seguro, como não fundamentá-lo no conhecimento menos inseguro que existe, que é o baseado nessa observação controlada?

Na verdade, o ser humano, não conseguindo viver senão socialmente, quanto mais seguramente conheça e conheça o social, tanto mais seguramente se adaptará ao social e o transformará.

O conhecimento geral empiricamente (faticamente) comprovável existe em todas as sociedades humanas. Nas sociedades ditas civilizadas, esse conhecimento geral empiricamente comprovável se faz conhecimento científico na acepção moderna, aquele testável por técnicas sofisticadas de pesquisa.

Ora, o conhecimento geral empiricamente comprovável é critério transcultural - válido para todas as culturas humanas - de um direito que se pretenda racional. E lhe é critério preferencial quando testável rigorosamente. Conhecimento geral esse a ser combinado, na aplicação prática do direito, àquele das circunstâncias particulares de um caso concreto, sem o que não se terá uma aplicação eqüitativa.

Mas o conhecimento geral empiricamente comprovável, seja modernamente científico ou não, é, em si mesmo, moralmente neutro, enquanto conhecimento objetivo: pode ser usado para integrar ou desintegrar, unir ou desunir, quer no plano das coisas físico-químicas e orgânicas, quer no das mentais e sociais - e isso ao sabor das ideologias que inevitavelmente o aplicam à prática da vida.

Assim é preciso evitar, quanto ao direito alternativo, e ao direito em geral, o equívoco de um cientificismo não compatível com a pós-modernidade da ciência e da vida social. Informação científica no direito, mas também sentimento nele - pois idéia e sentimento coexistem inseparavelmente no homem e, portanto, em seus produtos culturais.

É preciso que ciência e sentimento de agradabilidade se controlem reciprocamente no direito, se quisermos assim chamar algo necessariamente ligado ao impulso de conservação do indivíduo e da espécie - e, por conseguinte, algo menos inseguro. Pois atrás do sentimento de agradabilidade do homem médio (homem normal, homem de mente não-patológica), está o impulso animal geral de ser (do indivíduo e da espécie) - e de ser cada vez mais profundamente. Ciência e ética no direito, portanto.

Não é biologismo: tudo indica que é realidade e princípio diretor da própria natureza animal, onde ser e dever ser se confundem, pois o impulso de ser, como diretriz básica da animalidade, lhe é, ao mesmo tempo, dever ser fundamental. Embora não seja, para o homem, um dever ser fatal, um dever ser que não possa transgredir.

Se não basta o conhecimento, científico que seja, para informar um direito alternativo, e o direito em geral, não lhes basta igualmente apenas o sentimento, nem mesmo o sentimento de agradabilidade diante do que se acha que deva ser (sentimento de justiça). O homem médio da favela, embora homem normal, homem de mente não-patológica, em virtude do conhecimento deficiente que possui, achará que deve ser que a mulher infiel seja espancada pelo marido - achará, em seu machismo, isso justo, e, por isso, experimentará, diante do fato, um sentimento de uma agradabilidade pelo menos preponderante (veja-se Pressburger, 1988: 12).

Tem, então, esse homem, o sentimento de justiça mas, pela deficiência de seu saber, não possui uma idéia adequada de justiça. Sua postura é uma alternativa ao direito estatal, mas não poderá ser caracterizada como uma alternativa jurídica, como direito alternativo, se por direito entendermos algo de necessariamente racional (e não algo informado por conhecimento preconcebido, inadequado à realidade, distorcido ou "torto").

Nesse exemplo de uma "lei" da favela, essa legalidade não-estatal se informa de conhecimento vulgar e preconcebido contra a mulher, e não de dados psicológicos e sociológicos que tornariam claro que homem e mulher têm funções relevantes e complementáveis, de tal modo que uma maior sensibilidade feminina poderá ser vista como até mais importante para a primeira educação da prole. Desse modo, não há base científica, pelo contrário, para uma desigualdade machista de direitos entre homem e mulher.

Um "direito", alternativo ou não, informado de conhecimento visivelmente "torto", não poderá ser senão uma caricatura distorcida do jurídico, por mais sentimento de justiça que contenha (cf. Lopes, 1992: 73, para quem "a ignorância impede o fazer justiça"). A informação cognitiva inadequada, conjuntamente com sentimento exacerbado de justiça, chegando até o abertamente emocional, é que tem produzido, na verdade, julgamentos fanatizados e/ou sumários, de natureza religiosa ou política, a exemplo da chamada Santa Inquisição ou dos chamados processos populares da "revolução cultural" maoísta, ou de natureza "justiceira", caso dos esquadrões da morte.

Se quisermos atentar para o poderoso impulso animal de conservação do indivíduo e da espécie, teremos, na idéia de espécie, a idéia de todos os homens e mulheres e a idéia da *segurança e bem-estar, na medida do possível, de todos*. E aí estará a base científico-biológica para os direitos e garantias individuais - de todos os indivíduos - proclamados internacionalmente e que nenhuma alternativa realmente jurídica poderá contrariar (cf. Oliveira, 1992: 196).

A Constituição Federal brasileira estabelece, como objetivo fundamental da República Federativa do Brasil, "promover o bem de todos" (art. 3º, IV). Todavia se trata apenas, como esclarecem Pinto Ferreira (1989: 48) e Dantas (1994: 225), de programação, de finalidade a ser atingida, de norma programática a carecer de um ordenamento infraconstitucional.

Ciência e ética no direito alternativo, e no direito em geral, portanto. Nem só informação científica, nem só sentimento de agradabilidade (sentimento de justiça). Mas ambos: por conseguinte, idéia científico-empírica a informar o sentimento de justiça - e este parece ser o critério menos inseguramente racional e justo para a caracterização do direito e de sua espécie contestante, o direito alternativo. Contestante porque o direito alternativo é o direito em oposição à legislação estatal.

Porém, se o direito alternativo é sempre opositivo, como padrão desviante que é, não pode ser apenas desviante e contestatório da legislação estatal (cf. Marques Neto, 1992: 39). Se não quiser ser somente algo de sectariamente populenco, terá de ser desviante e opositivo também quanto à "legislação" popular (quando isso seja igualmente necessário). Terá de afirmar-se, por exemplo, contra o espancamento e/ou morte da mulher adúltera, se não desejar situar-se dois milênios para atrás e para atrás do tempo de Jesus...

Assim, embora a expressão "direito alternativo" se tenha originado de movimentos sociais ligados à realidade específica da América Latina - diferente, decerto, da européia e do seu chamado "uso alternativo do direito" -, não se confunde, necessariamente, a alternatividade jurídica com a popular (sobre a origem do direito alternativo, cf. Gómez, 1988: 58).

A "legislação" popular, assim como a legislação estatal, podem apresentar, decerto, conteúdos que são jurídicos, isto é conteúdos em consonância com a ciência empírica (que pode confirmar o conhecimento de origem popular) e com o sentimento de agradabilidade do homem normal. Mas uma e outra legislações podem apresentar também conteúdos apenas morais, isto é, conteúdos em acordo com conhecimento metacientífico (filosófico, religioso, ideológico) a informar o sentimento humano de agradabilidade. Há, assim, em uma legislação, estatal ou popular, conteúdos jurídicos e morais, bem como conteúdos desviantes de um direito alternativo e de uma *moralidade alternativa* (a qual obviamente também existe, a respeito de conteúdos legais estatais ou não).

Esses conteúdos morais da legislação são inevitáveis, pois a ciência empírica nem sempre apresenta dados disponíveis à normação social (cf. Souto, 1992: 98, nota 2, Rocha, 1994: 62-63). As possibilidades éticas *lato sensu* são a informação do sentimento de agradabilidade por: 1) conhecimento geral empiricamente comprovável (científico-empírico, no caso das sociedades civilizadas); 2) conhecimento metacientífico; e 3) conhecimento das circunstâncias particulares de um caso concreto. Respectivamente 1) direito, 2) moral e 3) eqüidade. A legislação, popular ou estatal, é apenas forma de manifestação de conteúdos normativos.

O até aqui exposto já nos fornece elementos para que tentemos uma maior precisão para o conceito de direito alternativo, através de definições breves e tanto quanto possível rigorosas de direito e de direito alternativo.

Direito seria então o sentimento humano normal de agradabilidade (que tem como "infra-estrutura" o impulso de conservação individual e da espécie) informado de conhecimento geral empiricamente comprovável (conhecimento científico-empírico, no caso das sociedades civilizadas). Direito alternativo seria esse direito quando desviante de leis ou decisões estatais, ou de "leis" ou decisões de grupos sociais não-estatais (as quais, por sua vez, lhe seriam também desviantes). Naturalmente, tanto o direito, como o direito alternativo, em sua aplicação prática, implicarão a informação daquele sentimento de agradabilidade pelo conhecimento das circunstâncias particulares do caso concreto - ou seja, implicarão eqüidade (cf. Lopes, 1992: 75-76).

Com isso se assegura, por via científico-empírica, pela determinação de seu conteúdo, uma autonomia do direito alternativo em face a qualquer forma de comunicação impositiva, seja ela estatal, ou grupal, ou classística.

E se assegura também a unicidade do direito e do direito alternativo, pois se tem um critério definido para saber-se, de conteúdos normativos reciprocamente desviantes, qual é o jurídico, ou se nenhum o é. Sem prejuízo, evidentemente, do pluralismo das *fontes de produção* do direito, pluralismo esse que é um fato observável. É o que veremos logo a seguir, na seção 3.

Embora as definições aqui sugeridas do direito e do direito alternativo apresentem uma dimensão que pretende uma validez universal (transcultural), não se pretende que alcancem outra perspectiva que não a científico-empírica sobre o jurídico, descrito pois, apenas de modo fático observacional, um *conteúdo* genérico de sua composição.

Porém, a perspectiva científico-empírica, não obstante autolimitada, é básica para a teoria substantiva do direito (que pode vir a ser aprofundada filosoficamente) e para a prática jurídica que pretenda ser uma técnica moderna e pós-moderna de aplicação informada científico-substantivamente e não apenas uma técnica lógico-formal de aplicação - embora esta última não careça de importância em si mesma e sejam perfeitamente conciliáveis as técnicas substantiva e formal de aplicação (sobre isso, vejam-se Souto e Falcão, 1980: 313-345 e Souto, 1992: 66-71).

Mas, se se pode definir o direito alternativo com relativo rigor substantivo, parece abrir-se o caminho a um conhecimento científico-social relativamente rigoroso do direito alternativo, que não se limite ao apenas descritivo, porém que venha a chegar ao próprio causal-explicativo em suas proposições. Esse conhecimento se poderia designar por Sociologia do Direito Alternativo ou, simplesmente, Direito Alternativo, com iniciais maiúsculas, e seria parte integrante da Sociologia do Direito (de onde mais diretamente se originou).

Decerto não se exclui a possibilidade de um tratamento formalmente lógico-normativo, ou aprofundadamente filosófico, do direito alternativo, a ser feito para além do âmbito estritamente sociojurídico. Na verdade, quanto ao direito (e portanto quanto ao direito alternativo) cabem não somente uma ciência social, mas ainda uma ciência formal e uma ciência filosófica - sendo esses três saberes jurídicos saberes complementares. E, certamente, a denominação "ciência jurídica formal" será preferível à designação tradicional de "Dogmática Jurídica", que leva à idéia pré-iluminista de algum produto humano "indiscutível" (cf. Souto, 1992: 10-13 e 14-16).

Contudo, se o direito alternativo, como fenômeno, é, por definição, uma espécie jurídica desviante e, pois, opositiva em relação ao *status quo* estatal ou grupal, até que ponto seria o Direito Alternativo (como conhecimento) uma ciência ideológica? É o que se verá depois, em nossa quarta seção.

5.3. Pluralismo e unicidade quanto ao Direito e quanto ao Direito Alternativo

O Pluralismo quanto ao direito é pré-moderno, moderno e pós-moderno, uma vez que existe já na antigüidade clássica, com o direito natural (não raro contraposto a um direito estatal ou grupal), passando pela modernidade e sendo considerado o traço fundamental da pós-modernidade (sobre este último ponto, Santos, 1987: 297-298).

A Sociologia do Direito, em termos modernos, é uma disciplina recente, que pode ser vista como fundada por Durkheim há cerca de apenas um século. Pois bem: nesse século de formação propriamente sociológica, a disciplina tem mantido uma tradição nitidamente pluralista quanto ao direito, afastando-se do monismo estatal em quase todos seus autores de renome (cf. Souto e Souto, 1981: 31-49).

Não admira que assim tenha sido: o Estado não pode ser visto, realisticamente, senão como o grupo dos homens de poder oficial e não pode ser identificado, senão em erro ideológico, com a sociedade - esta algo de muito mais amplo e complexo. Seria admirável, sim, que a maioria dos sociólogos do direito se tivessem ofuscado pelo poder das armas estatais a ponto de atribuir ao Estado o monopólio da produção do jurídico, como o fazem ainda muitos juristas, à luz de uma educação formalista (em países como o Brasil, tal formalismo se justificará menos, pois um pluralismo fático, a propósito do direito, é bem nítido: cf. Henckel, 1991: 329 e *passim;* cf. ainda Wolkmer, 1994: 195, 201 e *passim*).

Como relacionar, porém, em termos de teoria científica do social, esse pluralismo secular quanto ao direito, com a também secular tradição de unicidade do jurídico?

A resposta seria: tentando-se evitar o acentuado equívoco pluralista tradicional de afirmarem-se "direitos" no plural - contrapostos, reciprocamente desviantes -, se pertinentes, esses "direitos", a uma relação social do mesmo tipo. A alternativa do jurídico (se este realmente o for) não pode ser então, em lógica científica, outro "direito", um "direito" estatal, por exemplo, mas apenas a legislação do Estado ou a decisão judicial que sejam desviantes àquele jurídico, em seus conteúdos. Não pode, logicamente (definidos com relativa precisão o direito e o direito alternativo), haver dois "direitos" opostos, o alternativo e o estatal: um só deles será direito, ou nenhum o será - de acordo com a definição científico-empírica de *conteúdo* do jurídico como fenômeno social, que se tenha. E essa definição, como se viu, poderá ser válida para todas as culturas.

Naturalmente, essa validez transcultural significa tão-só uma tentativa de rigor conceitual e não significa algo de dogmático: algo que se chocasse frontalmente com uma pós-modernidade (ou neomodernidade, se se preferir) científica em seu espírito de dúvida - ou com uma perspectiva dialética em seu espírito de abertura. Ao contrário: qualquer conhecimento humano, mesmo o testavelmente científico, não contém senão, na melhor das hipóteses, uma verdade apenas relativa (jamais absoluta), com o seu quê de indeterminação, de possível erro, de provisoriedade, de retificabilidade.

Já em escrito da juventude, a respeito da pesquisa jurídica comparativa, publicado pelo Instituto Japonês de Direito Comparado, se notava: "O julgamento de valor referido ao critério científico-positivo universalmente válido do jurídico e estabelecido sobre a comparação dos princípios que impregnam ou podem impregnar sistemas de conteúdos normativos de formas de coerção, constitui um assunto próprio da Ciência do Direito (...) Não há jamais Direitos a comparar, porque um só será o Direito, visto que, em todas as divergências, um só corresponderá ao critério científico-positivo universalmente válido do jurídico." (Souto, 1962: 462-463)

Na verdade, em termos de racionalidade quanto ao direito, como se poderia contestar a aplicabilidade de um princípio como o da não-contradição: "Uma afirmação e sua negação não podem ser *todas duas* verdadeiras a propósito da mesma situação de fato"? (cf. Beyleveld e Brownsword, 1989: 402 e 410)

Trata-se obviamente de uma questão de lógica (não se pode tentar ciência rigorosa sem lógica) e não de antidialeticidade. Aliás seriam dialéticas pouco dialéticas e igualmente dogmáticas tanto a que afirmasse apenas a unicidade, como a que admitisse apenas a pluralidade, já que a realidade parece combinar ambas estas coisas.

Mas, se há, assim, uma unicidade lógico-científico-empírica do direito alternativo em face ao padrão estatal ou popular que lhe seja desviante (se a referência comum dos padrões reciprocamente desviantes for o mesmo tipo de relação social), onde fica o pluralismo quanto ao direito e ao direito alternativo? Fica, em teoria sociológica, tanto quanto possível rigorosa, do jurídico, *nas fontes, sempre plurais, de produção do direito e do direito alternativo.*

A fonte produtiva do jurídico não é, monística e necessariamente, o Estado, o grupo dos homens do poder oficial, o que implicaria o absurdo sociológico de identificar o mais abrangente e complexo - o todo social nacional - com o menos abrangente e menos complexo, o grupo estatal. Mas essa fonte produtiva pode ser o Estado, quando crie originariamente padrão que se identifique com o direito ou, de certo modo, quando venha a incorporar direito alternativo (tais como definidos, com relativa precisão, o direito e o direito alternativo). Neste último caso, o da incorporação do direito alternativo, não há, rigorosamente falando, produção estatal do direito (que teria de ser autenticamente originária), já que o direito alternativo que o Estado passou a incorporar, por via de mudança, lhe era criação não-estatal contraposta.

A fonte produtiva do jurídico pode ser qualquer grupo social, nacional ou não, desde que o produto corresponda a um *conteúdo* geral de composição que se definiu como direito. Pode ser até o simplesmente social, não-grupal (aquilo que apenas se comunica socialmente, sem aceitação em comum, em um lapso de tempo que se considere); e pode ser até o simples e puramente mental, desde que seja aquilo que, com base em conhecimento realmente inovador, não se comunicou (ou não se comunicou ainda) em qualquer interação social (e que não seja, portanto, somente o social incorporado ao mental individual).

Desse modo, o direito pode ser produzido social, estatal *ou mentalmente.* Em temos de uma teoria científico-empírica rigorosa do direito não há por que limitá-lo apenas ao social-grupal e ao estatal. Tudo indica que um pluralismo jurídico mais adequadamente teórico será mais abrangente que essa limitação usual.

Direito e direito alternativo implicariam, pois, um conteúdo geral de composição pelo qual são definidos, tanto quanto possível rigorosamente - conteúdo esse que se expressa por *qualquer forma* (social, estatal ou mental).

De outra maneira, estaremos dando um primado à forma sobre o conteúdo, na caracterização do direito e do direito alternativo. Se o direito se definir pela forma, esse formalismo pode caracterizar *igualmente,* como "direito", tanto o padrão da favela que legitima espancar a adúltera, como o padrão estatal que o proíbe. Seria igualmente "direito" tanto a aspiração dos grupos excluídos por moradia, quanto a negação ou omissão estatal a esse respeito.

Esse primado da forma sobre o conteúdo na própria Sociologia do Direito usual (e, conseqüentemente, na teoria usual do direito alternativo) significa um formalismo sociológico (seria direito o que o grupo social afirme como tal, qualquer que seja o conteúdo) que pouco acrescenta, em termos teóricos, além de uma maior abrangência, ao formalismo jurídico tradicional (para o qual seria direito o que o Estado estabeleça como tal, qualquer que seja o conteúdo).

Daí a crise teórica atual do pluralismo jurídico, acompanhada talvez de uma certa nostalgia pela pretendida unicidade tradicional do direito (cf. Corsale, 1994: 27-29. Para Neves, 1993: 343, o direito da sociedade moderna "envolve unidade e pluralidade"; entre os juristas alternativos, é sensível à crise pluralística Arruda Jr., 1991: 92-93).

Mas a unicidade tradicional do direito é mero artefato lógico que se faz sobretudo às custas do formalismo referido ao Estado - formalismo que traz em seu bojo uma crise teórica ainda maior, por se tratar de um formalismo menos abrangente que o sociológico. Não há, pois, racionalmente, porque voltar ao formalismo estatal (sem prejuízo do formal que seja necessário científica ou praticamente).

Mas há que se superar também o formalismo sociológico quanto ao direito e quanto ao direito alternativo. E essa superação, que tudo indica indispensável, parece estar na constatação não só de um pluralismo mais abrangente do que se supõe quanto à produção do jurídico, como de uma unicidade de conteúdo do direito em face de padrões reciprocamente desviantes (e referidos ao mesmo tipo de relação social).

5.4. Alternatividade jurídica e ideologia

O direito alternativo como fenômeno é, por definição, algo de necessariamente desviante do *status quo* normativo, assim como este *status quo* lhe é, por sua vez, desviante. Desse modo, o direito alternativo é sempre padrão de mudança mais ou menos acentuada.

Daí a grande afinidade entre o direito alternativo como fenômeno e as ideologias de alteração profunda das sociedades.

Daí a afirmativa que se faz entre autores do Direito Alternativo de que o conhecimento sociojurídico, em países de miséria como o Brasil, não se pode pretender não-ideológico (neste sentido, por exemplo, Rodrigues, 1992: 178; analogamente Aguiar, 1994: 15-16).

Mas é preciso distinguir, para evitarem-se equívocos prejudiciais ao desenvolvimento científico do Direito Alternativo.

Decerto não se pode pretender uma ciência empírica em estado de absoluta pureza ideológica: não há ciência, sobretudo se relativa ao mental e ao social, que não apresente sua porção de ideologia. Para ser de outra maneira, seria necessário que o homem não fosse o ser afetivo que é, capaz freqüentemente de constituir-se em ser emotivo e produtor de conhecimento hipercondicionado socialmente e pelo menos duvidoso (quando não errôneo) - o conhecimento ideológico. Este conhecimento ideológico é duvidoso, mas indispensável para completarem-se inadiáveis respostas humanas aos problemas do mundo.

Porém, se não há conhecimento científico que não tenha a sua porção de ideologia, e se a ideologia tem função social insubstituível, pois a ciência não tem resposta para tudo - e tudo isso parece evidente - a questão se desloca para *a quantidade* de ideologia *dentro* da ciência. Se essa quantidade é alta, significativa, perturba-se por conhecimento emocionalizado, preconcebido, classístico, a objetividade científica e a confiabilidade na ciência. Se a quantidade de ideologia dentro do conhecimento científico não é significativa, tem-se ciência objetiva confiável, nos limites das possibilidades humanas.

Uma analogia útil - e é mera analogia - poderá esclarecer o assunto: algo de semelhante ocorreria com a água potável - seu tratamento técnico-científico não lhe elimina totalmente as impurezas, mas as afasta no grau necessário ao uso relativamente seguro.

Por isso, para que se tenha ciência social confiável na medida máxima possível, os seus cientistas necessitam ser treinados no sentido da maior objetividade despreconcebida que se possa alcançar, através de métodos e técnicas de pesquisa social, para que reduzam, ao máximo possível, seus condicionamentos ideológicos - que são pré-noções - *durante* a atividade de produção da ciência (quando procurarão não se preconceber por sua classe social, por sua filosofia de vida, por sua religiosidade ou não-religiosidade). Ideologia antes dessa produção (inclusive na escolha do tema científico),ou depois dela (na sua aplicação), parece inevitável e não perturba o conhecimento científico que se produza - justamente porque localizada a ideologia antes, ou depois, da atividade científica propriamente dita.

Se não é possível uma "neutralidade axiológica" do cientista (pois sua mente de ser afetivo não pode deixar de avaliar, de valorar), será porém de todo viável que, enquanto faça ciência, procure, tanto quanto possa, restringir suas avaliações ao valor "cientificidade" (isto é, à objetividade testável pela observação controlada, à concordância possível de suas descrições e explicações com o que parece real).

Assim, é que o próprio direito alternativo como fenômeno (não obstante a sua natureza de direito sempre desviante do *status quo*), na medida em que se informa de ciência empírica, tem nisso diminuída a um nível não-significativo a sua informação ideológica.

Trata-se, pois, de desengajar ideologicamente a ciência do direito alternativo, e o próprio direito alternativo, no máximo que se possa, para que essa ciência e esse direito sejam o mais possível objetivos. Mas *não se trata* de desengajar o direito alternativo da sua natureza intrínseca de direito desviante do *status quo*, de sua natureza de padrão de mudança, inclusive de mudança social profunda. Isso, aliás, seria, por definição, impossível.

Ao contrário: quanto menos ideológico e, pois, quanto mais objetivo for o direito alternativo em seu conhecimento informativo, maior sua eficácia como padrão para uma mudança social profunda de maior permanência.

Dessa maneira, o direito alternativo é engajado, por sua própria natureza, no desvio, na divergência, na contestação (ao *status quo* normativo, seja este estatal ou sociogrupal) - já que onde não há esse desvio pode haver direito, mas não direito *alternativo*. E será desengajado ideologicamente, tanto quanto possível, para maior objetividade - e, pois, para uma maior eficácia social do desvio.

Note-se, por outro lado, que uma ciência empírica do direito alternativo que seja o mais possível ideologicamente desengajada não é, com isso, uma ciência alienada da realidade, muito pelo contrário. Uma ciência objetiva parece ser justamente o oposto dessa alienação ideológica.

Por exemplo, será muito difícil manter uma ideologia neoliberal diante de uma informação científico-social menos imprecisa. Assim, é um dado de ciência social que a competição significa, em si mesma, um processo dissociativo, o qual *apenas* pode, em determinadas circunstâncias, prevenir um afastamento ainda maior no espaço de interação social. Desse modo, não é razoável esperar de um processo dissociativo, de afastamento no espaço social, benefícios *para todos* uma integração *estável* do sistema social competitivo. E não admira realmente que assim seja: com vimos, a competição é "luta pacífica", mas é luta, e na luta competitiva uns ganham e outros perdem, sejam indivíduos ou grupos de qualquer tamanho, inclusive nações.

Não obstante a ciência social se limite a descrever e explicar o que parece ser real, a ingenuidade teórica do neoliberalismo parece clara em face a esse dado.

De maneira análoga, desde que a hierarquização (estratificação) é, em si mesma, um processo de afastamento no espaço social, não é de esperar-se da ênfase em hierarquia (como em ditaduras de direita ou de esquerda) uma integração social estável.

Já a cooperação é *sempre* um processo de aproximação no espaço social e, desse modo, quanto maior for a cooperação, maior a estabilidade da integração social.

A ciência social do direito e do direito alternativo não tem então de ser acentuadamente ideológica para servir a ideologias de benefício geral. Ao contrário, sendo tão objetiva quanto possível, por ser o menos possível ideológica, suas proposições podem servir melhor, na sua aplicação prática, a ideologias sociais que pretendam favorecer todos os homens e mulheres.

Isso sem que evidentemente se possa desconhecer que dados científicos, sejam da Física ou das ciências sociais, possam ser utilizados para integrar ou desintegrar. A escolha prática entre essas alternativas é inevitavelmente ideológica.

Se a práxis ideológica for favorável à integração social estável, a informação científico-social dessa práxis a conduzirá, então, à ênfase em processos cooperativos e não em processos de afastamento no espaço social.

5.5. "Domesticando" o ideológico no Direito Alternativo: a substituição de "igualdade" por "semelhança", rumo a uma perspectiva causal

Não há um fosso intransponível entre tipos de conhecimento humano, quaisquer que sejam. Assim, o que era conhecimento filosófico, ou religioso, se pode transformar em conhecimento científico, desde que se torne testável por métodos e técnicas de pesquisa empírica. E vice-versa: o conhecimento científico pode ser aprofundado metacientificamente.

No caso do conhecimento ideológico, Shils notava, em verbete clássico, a possibilidade de vir a ser apresentado de tal forma que se torne testável pela observação controlada, deixando então de ser ideologia e se tornando ciência, não obstante sua origem ideológica. Shils chama a esse processo, expressivamente, de "domesticação" da ideologia (Shils, 1972: 73-74). A "domesticação" da ideologia é, pois, a sua cientificização, pelo refrear de sua emocionalidade e pela possibilidade de ser testada técnico-empiricamente.

O Direito Alternativo, como área da Sociologia do Direito, e o direito alternativo como fenômeno, têm feito amplo uso da expressão "igualdade" como alternativa ao *status quo* de acentuadas desigualdades econômicas e sociais. Mas essa expressão, da tradição iluminística, é ideológica, não é rigorosamente científica. Precisa ser "domesticada", se se quer, no Direito Alternativo, definições e proposições científicas tanto quanto possível próximas do real. Isso é tanto mais importante quanto o conceito a que a expressão "igualdade" se refere é, de fato, basilar à alternatividade jurídica como fenômeno, ou como conhecimento científico do fenômeno.

É "igual", na acepção básica da palavra, o que é "idêntico". Nessa acepção, não há igualdade na natureza conhecida pelo homem. O que é aparentemente idêntico, a microscopia mais desenvolvida revela de imediato como desigual. A igualdade, no sentido de identidade absoluta entre dois ou mais seres, poderá ser uma aspiração ideológica, mas não é uma realidade fática, nem há indicativos de que venha a ser uma realidade fática capaz de superar a individualidade dos seres.

Mas, se não há "igualdade" entre os seres, há decerto "semelhança" entre eles, em grau maior ou menor. Se "igualdade" significasse fundamentalmente "analogia" (e não "identidade"), não haveria maior problema científico no uso dessa palavra tradicional. Mas, não sendo assim, cumpre substituí-la por "semelhança". Com a perspectiva da "semelhança", o panorama é outro. Ao invés da irrealidade da "igualdade" ("identidade"), uma realidade de altíssima abrangência, pois tudo é mais ou menos semelhante na natureza conhecida: o próprio homem que pareceria tão dessemelhante do apenas físico-químico, o tem na sua própria infra-estrutura de composição orgânica. Porém, como não existe igualdade absoluta dos seres, tudo é, ao mesmo tempo, semelhante e dessemelhante na natureza conhecida. Os graus de semelhança e de dessemelhança é que vão definir as relações entre os seres.

Desse modo, especificamente quanto ao social (espaço das ações relacionadas e exteriorizadas), pode-se postular (de maneira simplificadíssima), por via indutiva, que os indivíduos ou grupos se aproximam sempre do que percebem como (preponderantemente) semelhante ao que aceitam - e se afastam do que percebem como (preponderantemente) dessemelhante. Já mentalmente assim o é: o indivíduo se aproxima sempre (no espaço de suas interações mentais, isto é, interações que lhe são interiores ou interiorizadas) do que nesse espaço percebe como (preponderantemente) semelhante ao que aceita - e se afasta do que percebe como (preponderantemente) dessemelhante.

Pode-se postular também, e mais genericamente ainda, no que pertine a esses espaços: Quanto maior a semelhança percebida (semelhança com o que se aceita), maior a agradabilidade sentida, e, quanto maior esta, mais se a quer.

Um postulado sociológico é uma proposição básica comprovada ou comprovável, da qual seria possível deduzir proposições menos gerais (chamadas teoremas). A partir, portanto, dos dois postulados mencionados (proposições mais gerais) seguem-se dedutivamente teoremas (proposições menos gerais), alguns dos quais são do interesse direto da alternatividade jurídica (sobre a testabilidade empírica dessas proposições, veja-se Souto, 1984: 136-138, 141; 1976: 55-59; para uma exposição menos breve do modelo teórico, Souto, 1976: 43-62).

A explicação teórica consistirá em deduzir de proposições mais gerais explicativas, obtidas por indução. Na indução se vai, por observação dos fatos, do particular para o geral, ali, naquele deduzir, se vai do geral obtido (leis científicas) em direção ao particular.

Já notamos que não há direito e, pois, direito alternativo, que se possa afirmar com exclusão da conservação da espécie - já que, por definição, o impulso de conservação individual e da espécie lhes é infra-estrutural (como impulso de ser que é, ao mesmo tempo, o dever ser fundamental do homem). Ora, espécie não é um indivíduo, alguns indivíduos, uma minoria, ou, mesmo, uma maioria deles: espécie são todos os indivíduos humanos, independentemente de quaisquer distinções, pois todos mantêm entre si semelhanças básicas, como seres da mesma espécie. O impulso de conservação da espécie pauta, portanto, no sentido do ser de *todos*, tanto quanto seja isso possível (sem prejuízo de processos seletivos, como o de reclusão de criminosos comuns). E o impulso do ser, seja o ser do indivíduo, seja o ser da espécie, é também impulso de ser cada vez mais profundamente, o que implica a evolução humana.

O ser cada vez mais profundo de todos é pois o dever ser jurídico fundamental. E não é isso, significativamente ideologia ou filosofia, é simplesmente a fundamentação biológica, fática, do comportamento humano. E não é determinismo biológico: o indivíduo ou o grupo humano podem contrariar qualquer direito e qualquer direito alternativo, mesmo porque podem se desviar do próprio impulso de conservação individual e da espécie. Esta lhes é diretriz básica, mas nunca uma diretriz fatal. No plano ético, não há diretrizes fatais para o ser humano.

O ser de todos (cada vez mais profundamente) implica, como diretriz instintiva da animalidade, a integração (coesão) da espécie - a integração de todos, tanto quanto seja isso possível. Assim, onde haja desunião, conflito (luta), competição ("luta pacífica"), hierarquismo - que são processos de afastamento no espaço da interação social - não há, em geral, juridicidade, embora possa haver legalidade, oficial ou não (cf. Baptista, 1993: 98, para quem "direito não pode ser desagregação ou desequilíbrio social.").

São processos claramente descoesivos da espécie humana. A não ser que previnam uma descoesão ainda maior, que, em determinadas circunstâncias, existiria sem eles. Neste caso, temos uma descoesão menor prevenindo uma descoesão maior.

Seria atualmente criticável, se conduzido dentro dos limites do indispensável à repressão do crime, e civilizadamente, o conflito da polícia com criminosos comuns? Certamente que não. Mas nem por isso processos de afastamento deixam de ser processos de afastamento, que se tornam gradativamente disfuncionais na medida em que diminuam as possibilidades do afastamento maior. Estas possibilidades de afastamento maior já foram aliás maiores quando o homem estava mais próximo da animalidade ancestral e a agressividade e, por conseguinte, o conflito e a competitividade, lhe eram mais funcionais à subsistência.

À alternatividade jurídica interessam portanto, visceralmente, teoremas dedutíveis daqueles postulados e que pertinam, de maneira direta, à integração social - pois onde haja, nos termos apontados, integração social, aí há juridicidade, alternativa ou não.

São exemplos desses teoremas:

1) Se prepondera a idéia de semelhança sobre a de dessemelhança entre pólos sócio-interagentes, o respectivo sistema de interação social está em equilíbrio ("contrabalançado", "compensado"); 2) Se há equilíbrio

permanente do sistema de interação social, o processo social (resultante) é associativo (= grupal = cooperativo); 3) Quanto maior a semelhança (preponderante) entre pólos sócio-interagentes (tal como definida por um ou mais deles), maior o equilíbrio do sistema de interação social correspondente.

Ora, a alternatividade jurídica, já que é definida em função do impulso de conservação individual e da espécie, normatiza, tanto quanto possível, no sentido do equilíbrio, e, mais que isso, no sentido do grupal (cooperativo). Suas regras, então, à luz da informação prestada por esses teoremas sociológicos, serão construídas no sentido de favorecer a semelhança objetiva no meio social, para com isso favorecer a semelhança subjetiva (idéia de semelhança).

Pois a idéia de semelhança é fator deteminístico de aproximação no espaço da interação social: indivíduos ou grupos *sempre* se aproximam daquilo que julgam semelhante (preponderantemente) ao que aceitam (seja certa ou errada essa sua avaliação). Ora, quanto mais semelhanças objetivas haja, maior a probabilidade da ocorrência de idéias de semelhança, sempre aproximativas (apesar da possibilidade de erros de avaliação, tomando-se como dessemelhante o que é semelhante, ou vice-versa).

Já se vê que a menção a "equilíbrio" não possui, em Sociologia, necessariamente, uma conotação de ideologia conservadora (do mesmo modo que uma referência a "conflito" não tem, necessariamente, uma conotação de ideologia progressista). Mesmo porque não há equilíbrio *estável* em nenhum dos macrossistemas ideológicos internacionais básicos contemporâneos (o democrático-capitalista, o socialista-estatista e o fascista), macrossistemas esses altamente conflituosos (pois evidenciam muito fortes dessemelhanças no plano econômico, ou no político, ou em ambos esses planos).

122 CLÁUDIO SOUTO

Basta notar que para existir um conflito de classes é preciso que haja classes: que exista, portanto, equilíbrio permanente (aproximação permanente) e, pois, coesão ou integração, ainda que instável esse equilíbrio, em cada uma das classes conflitantes. Na verdade, integração e conflito coexistem nas sociedades, estas sempre integradas, mesmo que muito instavelmente, como condição de sua própria existência. O que há é que existem relações sociais onde predomina a integração e outras em que prevalece o conflito.

Como nenhum homem é totalmente semelhante ou totalmente dessemelhante de outro, existe sempre, potencialmente, a possibilidade de consenso ou de conflito: eis o que parece ser a razão teórica mais genérica e fundamental por que integração e conflito coexistem nas sociedades.

Assim, como os homens nunca se assemelhariam ou desassemelhariam de maneira absoluta, a cooperação se pode tornar competição e, até, conflito, e, de modo inverso, a competição e o conflito se podem tornar cooperação. Desse modo, o equilíbrio de todo e qualquer grupo social seria sempre móvel e relativo.

Eis aí como podem coincidir uma perspectiva causal e uma perspectiva dialética, se ambas estiverem comprometidas com a observação objetiva do mesmo real (cf. Souto, 1987:16-17 e 34-39).

Mas, para que a alternativa jurídica favoreça em suas regras a semelhança objetiva no espaço social, a informação de um outro teorema lhe é estratégica. Trata-se de um teorema sobre socialização e que é do seguinte teor: 4) Quanto mais a socialização se faça no sentido da semelhança entre pólos de interação social, tanto maior equilíbrio terá o sistema de interatos sociais correspondente a esses pólos.

Nesse teorema, "socialização" significa a modalidade de interação social em que um dos pólos interagentes se acentua comunicativamente, ocorrendo padronização ideativa e sendo o padrão comunicado de natureza grupal.

Não terá sentido, racionalmente, uma socialização que afirme, em um processo educativo, que "brancos", "pretos" e "índios", "esquerdistas" e "direitistas", "feministas" e "machistas", "burgueses" e "proletários", "cristãos" e "muçulmanos", são "iguais", porque evidentemente não o são.

Porém, será racional educar no sentido de que, sendo desiguais, neles preponderam as semelhanças sobre as dessemelhanças, pois todos são seres humanos com diferenças físicas ou ideativas secundárias em relação ao que apresentam em comum.

Mas não é assim que se educa geralmente, desde o nível familiar. Ao contrário, a socialização usual, a que todos fomos expostos, põe ênfase nas dessemelhanças entre essas categorias, consideradas, preconcebida e rigidamente, umas superiores e outras inferiores - enfatizados, portanto, o afastamento no espaço social e a estratificação (hierarquização) social.

Todavia, na medida em que a socialização consiga afirmar as semelhanças fundamentais de *todos* os homens, favorece o equilíbrio dos sistemas sociais. Favorece, portanto, a integração, a coesão, a cooperação, a paz.

Eis aí, por conseguinte, o caminho fundamental da prática jurídico-alternativa (já que, por definição, o direito alternativo implica a conservação da espécie e, pois, tanto quanto possível, a sua integração): pautar no sentido de uma socialização afirmativa das semelhanças humanas. E, se o direito alternativo, em si mesmo, tal como foi aqui definido, não é significativamente ideológico no conhecimento que o informa (o qual é acorde com a ciência empírica), ideologias da "igualdade" têm, contudo, decerto, em sua ação social, o efeito de salientar as semelhanças humanas. Assim, por exemplo, a ideologia cristã, sobretudo na versão do cristianismo primitivo (ou nas versões modernas que procurem restaurá-lo) e as ideologias político-econômicas igualitárias.

A prática jurídico-alternativa e ideologias como essas, que a precederam e lhe coexistem no meio social, possuem, na verdade, por tarefa, nada menos que a socialização para um novo tipo humano, mais aproximativo dos seus semelhantes. E tudo parece indicar que o terceiro milênio poderá ver o início da constituição de uma humanidade mais semelhante em idéias fundamentais sobre o próprio homem - e, assim, mais equilibrada e coesa

Se dificilmente se pode negar o progresso intelectual do homem, a partir de sua muito provável animalidade inicial, por que se haveria de negar redondamente a possibilidade de seu progresso moral? Não diminuíram, ao longo da história, as impunidades dos poderosos - apesar das cenas de cruel violência, inclusive de cruel violência popular, que continuam a existir? (cf., para uma perspectiva céptica sobre uma "lei do progresso", Oliveira, 1994: 71 e *passim*; uma perspectiva céptica análoga em Marques Neto, 1992: 50-53; cf., para uma visão esperançada sobre o direito alternativo, Genro, 1991: 26-27).

A prática jurídico-alternativa pode ser portanto, sem perda de racionalidade científica em sua informação, um instrumento de esperança. Se continuamos a ser animais agressivos, essa agressividade parece ter diminuído, pelo menos um pouco, desde a origem do homem. Tudo indica que se processou algum aumento do controle social da agressividade em geral e que esse aumento pode prosseguir.

A Declaração Universal dos Direitos Humanos, de 1948, é, na verdade, um esperançoso programa de diminuição das dessemelhanças entre os homens (cf. Herkenhoff, 1994: 19, para quem "os Direitos Humanos continuaram e continuam sendo construídos, na dialética da história."). Na medida em que assim o faz, o seu conteúdo, à luz do exposto até aqui, é jurídico. Mas, sendo altamente genérico e dependendo basicamente, em sua aplicação, das legislações menos gerais (sejam estas estatais ou populares), no mínimo omissas ou vagas, depende essa aplicação de uma política jurídico-alternativa. Para que se possa superar um caráter meramente programático da Declaração.

No plano da moradia, por exemplo, há forte dessemelhança entre os que habitam residências suntuosas e são proprietários de muitos imóveis, e os excluídos de qualquer teto que os abrigue. Embora a Declaração Universal dos Direitos Humanos consagre o direito de todos à moradia (art. 25), uma legislação estatal como a brasileira, e tantas outras, não providenciam no sentido da efetivação dessa prerrogativa. Cabe então à prática jurídica alternativa atuar para que esse direito universal se realize, ultrapassando-se um teor apenas programático de sua declaração (cf. Oliveira, 1992: 196, Rodrigues, 1992: 202-203, 1991: 146).

Não é o direito (seja alternativo, ou não) que está explicando fundamentalmente a vida das sociedades, mas a legislação estatal a refletir em seu conteúdo, ativa ou comissivamente, os interesses dos poderosos econômicos e políticos - em clima, pois, de acentuada dessemelhança entre as pessoas e grupos (inclusive classes sociais).

Já o clima intrínseco do direito alternativo, por tudo que se viu, é o clima da semelhança, e o clima da prática jurídico-alternativa é, portanto o da atuação no sentido da semelhança. Por definição, tal *prática* não pode ser senão *engajamento* nessa atuação (o que não se confunde com um engajamento ideológico do direito alternativo considerado em si mesmo, a evitar-se no máximo que se possa, para o máximo de objetividade desse direito).

Na medida em que a prática jurídico-alternativa vá conseguindo diminuir as dessemelhanças objetivas e subjetivas entre os homens, vai, nessa medida mesma, diminuindo a distância social entre eles. E tem aqui relevância jurídica teorema sobre comunicação e controle social: 5) Quanto menor a distância social do pólo interagente (individual ou grupal) de outro pólo interagente (individual ou grupal), menos energia será necessária para a receptividade de sua comunicação e para o exercício do controle social.

Isso significa que, diminuídas as dessemelhanças, facilitam-se a comunicação e o controle sociais (entendendo-se por controle social a modalidade da interação social em que um dos pólos interagentes tem maior energia que o outro ou os outros, acentuando-se nessa relação o elemento vontade). A facilidade de comunicação reforça por sua vez a aproximação inter-humana, e a facilidade de controle favorece a seu turno a atuação do direito, seja este, ou não, conteúdo de legislações estatais ou populares (isto é, seja simplesmente direito, ou seja direito alternativo).

Desse modo, quanto mais atue a prática jurídico-alternativa no sentido da semelhança entre os homens, mais se afirma o direito no meio social e mais se caminha na direção de um efetivo primado do jurídico na vida social, primado este hoje inexistente.

Por outro lado, não parece razoável tratar como fundamentalmente dessemelhante o que é fundamentalmente semelhante. Ora, cada homem é fundamentalmente semelhante a outro e tudo indica que isso é um dado científico: de outra maneira, não se poderia configurar uma espécie humana como diferente de outras espécies animais (capaz de reproduzir-se independentemente de diferenças raciais de superfície).

Dentro da mesma espécie animal se formam dessemelhanças entre dominantes e dominados, com o estabelecimento de privilégios, mas não na extensão e intensidade com que a inteligência humana tem criado essas dessemelhanças, a ponto de uns indivíduos viverem em nababesca opulência e muitos outros morrerem em extrema miséria. Há um forte consenso de que isso não é razoável (e não sendo razoável, não é justo), pois todos são fundamentalmente humanos. E começa-se a compreender que o egoísmo, funcional que seja para a conservação individual e da espécie, pela seleção dos mais aptos, em etapas inicias da evolução animal, se torna disfuncional para a própria conservação da espécie quando da etapa da inteligência humana sofisticada, podendo levar das crises econômicas, das ditaduras e das guerras até uma catástrofe nuclear geral.

Na medida, portanto, em que a prática jurídica alternativa luta pela semelhança que for possível entre os homens, está lutando pelo razoável, pelo justo, pelo atualmente funcional para a conservação individual e da espécie. E, na medida em que essa prática alternativa lute pelo que é amplamente visto como justo, está contribuindo para o bem-estar mental e social e diminuindo o sentimento humano de disforia diante do que se acha que não deve ser - sentimento este capaz de conseqüências patológicas, individual ou socialmente.

É o que se esclarece, de forma menos imprecisa, por outros teoremas sociológicos de interesse direto para a ciência do direito alternativo: 6) Se um sistema de interatos sociais é considerado essencialmente (principalmente) justo por um pólo ou pólos interagentes (e, pois, essencialmente semelhante ao que aceitam), esses pólos experimentam (sentem) uma situação de relativa e saudável suavidade (tranqüilidade) afetiva. Caso contrário, as situações oscilantes de agradabilidade e desagradabilidade, sobretudo as de desagradabilidade, não sendo situações relativamente suaves, propiciam condições patológicas no indivíduo e, portanto, no sistema interativo-social. 7) Quanto mais seja considerado essencialmente justo um sistema de interatos sociais por pólos interagentes, maior a probabilidade de paz desses pólos (para outros teoremas de interesse sociojurídico, veja-se Souto, 1992: 102-107).

Está-se aqui entendendo por "paz" algo mais, no sentido da aproximação, que a simples cooperação entre pólos sócio-interagentes, algo mais que o simplesmente grupal, pois implica uma maior idéia de semelhança entre esses pólos. O conflito (luta) é, dos processos de afastamento no espaço social, o que envolve maior idéia de dessemelhança entre os pólos interagentes, sendo, desse modo, o mais disfórico (desagradável) desses processos; enquanto, no extremo oposto, a paz seria o processo social a implicar a maior idéia de semelhança entre os pólos interagentes, e, dessa maneira, o mais eufórico (agradável) dos processos de aproximação, com o máximo de relativa suavidade afetiva.

Um contínuo da distância social teria, então, quatro pólos básicos, no sentido decrescente da distância: conflito, competição, cooperação e paz.

Ou, se quiséssemos, expressar isso na linguagem menos imprecisa de um teorema sociológico, poderíamos ter: 8) Se a idéia de semelhança entre pólos interagentes é maior que a necessária para o (simples) equilíbrio permanente do sistema de interação social, o processo social (resultante) é da maior agradabilidade (= maior suavidade afetiva = paz).

Esta seção do presente escrito, através de postulados e teoremas de interesse do conhecimento científico-social do direito alternativo, se situou em uma perspectiva metodológica indutiva-dedutiva de natureza causal, que é indispensável, se se deseja maior rigor na construção teórica (neste sentido, o próprio Durkheim, 1968: 95, para quem "é natural procurar a causa de um fenômeno antes de tentar determinar-lhe os efeitos."). Mas aludiu também a uma perspectiva funcional, no que disse respeito a funcionalidade e disfuncionalidade para o fim de conservação individual e da espécie.

Esses métodos (caminhos), o causal-explicativo e o funcional-teleológico, não são reciprocamente excludentes, porém complementares - e isso vale ainda para o caminho dialético, que tem sido o mais freqüentemente palmilhado em estudos de direito alternativo. O caminho dialético considera as contradições existentes no real e suas tendências de síntese, sem prejuízo de que qualquer síntese possa ser, por sua vez, contraditada (cf. Souto, 1987: 41-49, Andrade, 1992: 90).

Contudo, seria um estranho sectarismo dialético, contraditório com a dialética mesma, pretender que o dialético fosse o único caminho de confiança para uma alternatividade jurídica.

Bem como seria estranho excluir a abordagem dialética, e pode-se afirmar isso a partir de premissas observacionais em si mesmas não-dialéticas. Assim, parece observável em largos traços - mediante a história da humanidade -, apesar das grandes dessemelhanças ora existentes, uma diminuição, até o momento progressiva, de dessemelhanças entre indivíduos e grupos sociais (inclusive classes sociais). Parece *então* possível a união futura desses contrários numa síntese (síntese afirmativa de maiores semelhanças objetivas e subjetivas entre os homens). Por exemplo, teríamos como síntese (por ora mais um tipo ideal teórico que realidade social) a combinação de democracia política (que seria mais real que formal) e de socialização econômico-social não-estatista, de que se falará sumariamente no próximo tópico.

Temos usado, em nossos ensaios, dos três caminhos, com ênfase pessoal na perspectiva causal, que é, aliás, a carência maior dos estudos sociojurídicos em geral, inclusive dos de direito alternativo.

Na seção subseqüente e final, se verá, com nitidez, o uso concomitante e aparentemente harmônico dessas três perspectivas metodológicas.

5.6. Conclusões para uma prática jurídica alternativa

Em face a todo o exposto até agora, conclui-se que, se uma prática alternativa quiser ser efetivamente jurídica, não haverá de pôr a sua tônica nem em conflito, nem em competição, mas em cooperação e em paz. Se a competição não lhe tem sido historicamente tentadora, resta-lhe superar ligeiros traços, somente residuais, de uma inclinação histórica pela luta violenta como meio de transformação social - meio esse em que se parece acreditar cada vez menos, de tal sorte que aqueles residuais sobreviveriam a rigor apenas numa linguagem um pouco mais belicosa que a comum.

É preciso notar que o próprio Karl Marx, que tem sido visto como uma espécie de profeta da mudança por meios violentos, não a recomendava para os países mais desenvolvidos de seu século XIX (cf. Marx, *apud* McLellan, 1990: 470-471 e Laidler, 1933: 250). De fato, são evidentes os custos de sofrimento que a violência armada implica e suas prováveis conseqüências ditatoriais são extremamente onerosas. Ora, os países mais desenvolvidos do tempo de Marx serão significativamente mais desenvolvidos que países latino-americanos de hoje, como a Argentina, o Brasil, o Chile, o Uruguai? Parece que não.

Acabam de ruir as ditaduras socialistas construídas (como é usual ocorrer com as ditaduras de qualquer espécie) com sangue e terror político, encaminhando-se agora, antiteticamente, no plano econômico, a uma posição de neoliberalismo - decerto um profundo retrocesso do ponto de vista da ideologia socialista, após custos humanos tão altos durante longos anos.

Os antigos diziam: *si vis pacem, para bellum* (se queres a paz, prepara a guerra). Nosso século ainda viveu esse primitivismo e também sob outra forma ideológica: *si vis pacem, para violentiam* (se queres a paz, prepara a violência), no sentido de que os fins justificariam os meios. A lição histórica recente é, todavia, a de que os meios violentos podem retardar fins vistos como de justiça e paz. Pois esses meios violentos têm provocado historicamente reações também violentas, fechandose um círculo vicioso que se pode prolongar no tempo e que é, portanto, afinal, de natureza conservadora.

A teoria sociológica sugere antes a uma prática jurídica alternativa: *si vis pacem, para similitudinem* (se queres a paz, prepara a semelhança - semelhança objetiva e subjetiva). Aqui, uma maior lentidão do processo transformador se compensará, tudo o indica, pela sua continuidade, dada a provável ausência de rupturas significativas em um processo natural e gradual de fundo educativo.

Na verdade, será estranho "realismo" esse que procurava construir a aproximação entre os homens através do processo de afastamento máximo no espaço social, o do conflito, e conflito armado. Com efeito, a luta armada só contribui para a aproximação inter-humana no sentido de prevenir um afastamento ainda maior: é o caso único do uso da violência como *defesa*, tão moderada quanto possível, em face à violência maior dos criminosos comuns ou dos excessos de tirania e absolutismo - estes últimos parecendo tender a se tornar obsoletos.

Conseqüentemente, a transformação social no sentido da semelhança, objeto de uma política jurídica alternativa, haverá de ser gradual para ser racionalmente mais eficaz. Essa transformação no sentido da semelhança é a transformação na direção de uma aproximação cada vez maior entre os homens, aumentando-se os processos sociais aproximativos, como a cooperação e a paz, e diminuindo-se os processos sociais de afastamento, como os do conflito e da competição.

Mas isso implica primordialmente a educação no sentido de apontar-se a semelhança fundamental entre *todos* os homens, que é a educação fiel ao impulso de conservação da *espécie*, o qual implica, quanto a esta última, o seu desenvolvimento adaptativo (por via intelecto-afetiva) cada vez maior.

A transformação social no sentido da semelhança objetiva e subjetiva entre os homens, para ser cada vez mais efetiva, necessita de que vá surgindo progressivamente, de uma renovada educação para a semelhança, um novo tipo de homem, cada vez mais solidário com seus semelhantes. Leis estatais ou populares novas adiantam pouco se operadas pelo indivíduo humano velho em egoísmo e em agressividade conflituosa ou competitiva (tornados cada vez mais disfuncionais pelo desenvolvimento adaptativo da espécie). Parece de todo óbvio que uma sociedade efetivamente nova não pode ser operada senão por um homem efetivamente renovado pela educação.

Uma prática alternativa que seja atualizadamente jurídica será então engajada no sentido de lutar pela realização do direito entendido como síntese de ciência e ética, o que implica a busca de uma mudança social profunda, revolucionária, que é a de procurar-se sempre o benefício efetivo de todos. Mas não será revolucionária na acepção de lutar através de meios violentos de transformação social.

Há cerca de três décadas e meia, usando de uma metodologia dialética que procurava que fosse acentuadamente não-dogmática, Gurvitch apontava para a síntese entre um socialismo ditatorial estatizante e um capitalismo formalmente democrático mas desumanamente competitivo (que hoje percebemos com clareza como criador de dessemelhanças agudas entre opulência e miséria, sobretudo nos países periféricos). Inspiradamente alude, como tipo sociológico ideal, a uma descentralização do Estado e da economia, a se controlarem reciprocamente. Ou, em suas palavras pioneiras: "Multiplicidade das hierarquias equivalentes de agrupamentos, econômicos, de uma parte, locais, de outra parte, dando em resultado a organização econômica de um lado, o Estado de outro, os dois se limitando reciprocamente" (Gurvitch, 1960: 233; cf., para uma visão panorâmica recente da descentralização, Junqueira, 1992: 96-105; cf. ainda Correas, 1993: 10 e Capeller, 1995: 20-21).

Algo bem mais abrangente, portanto, que uma simples perspectiva classística-operária da sociedade, pois abarcante do movimento sindical em geral e do que atualmente chamamos de organizações não-governamentais (cf. Souza Júnior, 1991:131-133, Wolkmer, 1991: 44-47, Adeodato, 1992:161). Note-se que a própria classe média, caracterizada como conservadora, tem começado a atuar, sobretudo em seus setores intelectualizados e nos países centrais, transformativamente, de uma maneira um tanto significativa.

Tratar-se-ia do que temos chamado (Souto, 1968: 163, Souto, 1971: 177-178, Souto e Souto, 1981: 136-137) sistema social de socialização econômico-social não-estatista, entendida aqui por socialização a extensão de benefícios particulares a *todos* da sociedade. É sistema que se dirige ao futuro e que, no presente, não evidencia senão alguns traços parciais, e isso apenas em países de efetiva democracia social (como os da Escandinávia). Nesse tipo sociológico ideal diminui acentuadamente tanto a estratificação (hierarquização) política, como a econômica, numa fonte fundamental dupla de semelhança objetiva e subjetiva favorável ao direito. É uma antítese praticamente perfeita do sistema fascista (onde se acentua tanto a estratificação política, como a econômica).

Será, portanto, essa, também, uma perspectiva de síntese entre a moda mais antiga do socialismo estatista e a sua antítese, a moda neoliberal atual (herdeira de uma limitada democracia capitalista). A primeira dessas modas é sobretudo desequilibrante no plano político, e a outra sobretudo desequilibrante no plano econômico, porque implicam elas acentuada dessemelhança e afastamento, nesses planos, entre indivíduos e grupos no espaço social. E aqui a perspectiva causal-explicativa se harmoniza complementarmente com a dialética.

O tipo ideal sociológico que é o sistema de socialização econômico-social não-estatista prevê etapas progressivas, rumo a uma realização tanto quanto possível integral da democracia (governo efetivamente do povo), pelo completamento econômico do princípio democrático.

Essa realização não é fácil. Palavras de Einstein, em escrito de 1949, permanecem válidas, especialmente para países periféricos. Ele se refere a "uma oligarquia do capital privado, cujo enorme poder não pode ser efetivamente controlado nem mesmo por uma sociedade política democraticamente organizada. Isso ocorre porque os membros das câmaras legislativas são escolhidos por partidos políticos, amplamente financiados ou influenciados de outros modos por capitalistas privados que, para todos os efeitos práticos, isolam o eleitorado do Legislativo. A conseqüência é que os representantes do povo não protegem suficientemente, de fato, os interesses dos setores desfavorecidos da população. Além disso, nas condições vigentes, os capitalistas privados inevitavelmente controlam, de maneira direta ou indireta, as principais fontes de informação (imprensa, rádio, educação). Assim, é extremamente difícil para o cidadão comum, e, na maioria dos casos, de fato absolutamente impossível, chegar a conclusões objetivas e fazer um uso inteligente de seus direitos políticos." (Einstein, 1994:135)

Aquele tipo ideal se aproximaria do ideal de sociedade justa, porque "dificilmente se poderá chamar de sociedade justa aquela em que *todos* os seus componentes não se *sintam* relativamente bem em face a essa sociedade. Desse modo, nenhuma sociedade civilizada seria realmente justa, nem mesmo aquelas que pretendam representar interesses políticos ou econômicos de uma maioria (pois em todas essas sociedades há um grande número de pessoas sentindo-se mal em relação a elas). (...) Pois, em termos simples e objetivos, justiça não seria senão função do que se pensa que deve ser." (Souto, 1987: 38 e 39). Lembre-se que a cada idéia de semelhança com o que se aceita corresponderia um sentimento de agradabilidade, e, a cada idéia de semelhança preponderante com o que se aceita, um sentimento preponderantemente de agradabilidade.

Evidentemente, nenhuma das sociedades modernas efetuou a mudança social profunda que o tipo ideal implica em sua inteireza: um máximo de semelhança objetiva e subjetiva entre todos os indivíduos sócio-interagentes, todos eles educados na idéia de semelhança essencial entre todos os homens. Desse modo, o sistema macrogrupal apresentaria o máximo de estabilidade e de abertura à mudança em seu equilíbrio.

Quanto mais a educação se faça no sentido da semelhança fundamental entre os homens, e, portanto, quanto mais se faça no sentido da cooperação e da paz (revejam-se os teoremas causais 1, 2, 3 e 4 aqui mencionados), mais esse tipo ideal terá realidade, e realidade progressiva, nos espaços de interação social. A propriedade de bens econômicos poderá ser, então, tanto mais comum, quanto mais renovado esteja o indivíduo humano, pela educação para a semelhança. Assim é que, atualmente como ontem, apenas em grupos religiosos, de extensão limitada, animados pela idéia de uma profunda fraternidade humana levando a considerações altamente altruísticas, é que tem sido possível realizar de forma duradoura um ideal comunista, para além da própria propriedade privada derivada do trabalho.

Edmundo Arruda Jr. afirmara, com humildade intelectual: "Sem dúvida, aumenta o débito teórico dos alternativos, a ser saldado com o estreitamento do diálogo e síntese entre fazedores de movimento e de teoria"

(Arruda Jr., 1993: 9). Para ele é um problema grave para o movimento "a falta de maior elaboração teórica", falando de uma "definição ainda embrionária, do que entendemos por direito alternativo." (Arruda Jr., 1992: 171-172; analogamente Wolkmer, 1992: 136, escreve que "o 'novo' já está acontecendo, o problema é que os atuais modelos teóricos não conseguem percebê-lo e retratá-lo." (cf. Bergalli, 1992: 23-25).

Este ensaio não é senão uma mera tentativa de contribuir para aquele diálogo, pelo oferecimento de algo, por apoucado que seja, para a construção, ora em seus primórdios, de uma teoria científico-social do direito alternativo.

Tenta-se oferecer algo, também, para a síntese dialética apontada, e esse algo estaria, de um lado, na perspectiva de engajamento da prática jurídica alternativa para a realização do direito de todos, que é a realização de uma semelhança e aproximação inter-humana cada vez maior; e, por outro lado, na perspectiva de desengajamento ideológico, tanto quanto seja possível, da ciência do direito alternativo e do próprio direito alternativo em si mesmo, para fins de uma maior objetividade e eficácia.

APÊNDICE

"Abordagens críticas e estudos sociolegais: que vínculos?" Sugerindo mais objetividade

1. As divisões entre esquerda e direita, tradicional e moderno, branco, vermelho e verde, feminista e antifeminista, marxista e neoliberal, simplesmente se reproduzem dentro da disciplina (Sociologia do Direito), ou a vida da disciplina as transforma também (talvez excluindo inteiramente algumas delas)?[7]

Todas essas divisões, mesmo aquela entre tradicional e moderno, podem implicar (ou não) posições ideológicas claras dentro da disciplina (sendo aqui entendido por "ideologia" conhecimento socialmente condicionado e emocionalizado, o qual é, na melhor das hipóteses, duvidoso). Na medida em que o façam não implicam uma quantidade considerável de conhecimentos objetivamente confiáveis. Elas não deveriam ser tratadas ideologicamente dentro da disciplina, se esta última pretende ser consideravelmente objetiva. Mas são não raramente tratadas assim, e tal tratamento parece ser um indicador básico do subdesenvolvimento científico da disciplina.

As divisões se reproduzem dentro da disciplina, e esta também as transforma, pelo menos por ligá-las com o direito (entendido não apenas como regras e decisões estatais).

Se não é possível aspirar a uma ciência social livre de ideologia, desde que o homem, e portanto os cientistas, são seres afetivos, contudo os últimos podem ser treinados a reduzir suas influências ideológicas *quando*

---

[7] As questões são propostas pelo "Réseau Européen Droit et Société (REDS)", pelo "Critical Legal Studies Network (CLS/USA)" e pelo "Movimento Latino-Americano de Direito e Sociedade", a fim de discutir as novas tendências de estudos sociojurídicos na Europa e na América. Texto apresentado originalmente em inglês e traduzido pelo autor.

estejam fazendo trabalho científico, a fim de diminuírem preconceitos e prenoções que poderiam pôr em risco a objetividade.

Conseqüentemente, quanto mais "desengajada" a Sociologia do Direito, provavelmente maior a sua objetividade. Mas é claro que isto se refere a uma ciência social do direito realmente *substantiva*, a qual está ainda por construir, antes que já construída. De fato, as definições sociológicas usuais e *formais* do direito como fenômeno social não são particularmente ideológicas, porém não têm qualquer *conteúdo* objetivamente generalizado - de tal sorte que parece impossível basear nelas proposições científicas substantivas rigorosas.

Uma Sociologia do Direito "desengajada" não é, todavia, uma Sociologia do Direito alienada da realidade, ao contrário. Uma ciência objetiva parece ser justamente o oposto de tal alienação ideológica.

Por exemplo, é muito difícil sustentar uma ideologia neoliberal em face ao dado de ciência social de que a competição é, em si, um processo dissociativo e que *somente* pode prevenir um afastamento ainda maior no espaço da interação social. Por conseguinte, não é de esperar-se de um processo dissociativo benefícios *para todos* e uma integração *estável* do sistema social competitivo. Embora a ciência social se limite a descrever e explicar o que parece ser real, a ingenuidade teórica de neoliberalismo parece evidente diante de tal dado.

Similarmente, como a hierarquização é, em si, um processo de afastamento no espaço social, não é de esperar-se da ênfase em hierarquia (como em ditaduras esquerdistas ou direitistas) qualquer integração social estável.

Finalmente, como a cooperação é sempre um processo de aproximação no espaço social, quanto maior a cooperação, maior a estabilidade da integração social.

A Sociologia do Direito não tem de tornar-se abertamente ideológica para servir a ideologias de benefício geral. Ao contrário, permanecendo tão objetiva quanto possível, suas proposições podem servir melhor, em sua aplicação prática, a ideologias sociais que pretendam favorecer todos os homens e mulheres.

É claro que dados científicos, da Física ou das ciências sociais, podem ser usados para integrar ou desintegrar. A escolha prática entre essas alternativas é inevitavelmente ideológica.

2. Qual é a política "interna" da disciplina: onde estão seus centros de poder e prestígio, sua periferia, seus locais de conflito com disciplinas vizinhas, suas defesas de longa data, suas divisões de geração, tudo isso sem considerar-se o mapa político "externo"?

Os centros de poder e prestígio da disciplina estão obviamente localizados na Europa e na América do Norte, sua periferia, nas Américas Central e do Sul. Entretanto, desde sua origem européia, a disciplina nunca atingiu desenvolvimento científico real em nenhum lugar, o que torna a hegemonia européia e norte-americana claramente relativa. Assim, essa hegemonia é vista mais facilmente com relação a fatores que são externos à disciplina, tais como facilidades de comunicação e de biblioteca.

Seus locais de conflito com disciplinas vizinhas são redutíveis essencialmente àqueles com as disciplinas da chamada Dogmática Jurídica. Quanto a este ponto, pareceria desejável que a Sociologia do Direito estendesse sua crítica do formalismo dogmático tradicional ao seu próprio formalismo definitório, o qual parece ser a fonte básica do subdesenvolvimento teórico da disciplina.

No que diz respeito a suas defesas de longa data, além daquela contra o formalismo tradicional, poder-se-ia lembrar aquela contra o cientificismo. Contudo não parece haver, dentro da disciplina, uma consciência muito difundida de que as ciências substantivas relativamente desenvolvidas são, desde já muitos anos, pós-modernas, no sentido de que desapareceu nelas a crença em exatidão científica substantiva. Todas as proposições científicas são então vistas como apenas probabilitárias (inclusive as determinísticas, as proposições "sempre"). Conseqüentemente, a ciência substantiva atual não pode ser cientificista. Isto significa que a Sociologia do Direito permanece reagindo contra um inimigo que já não existe.

Mas tal reação desnecessária contra um cientificismo já imaginário prejudica o desenvolvimento científico da disciplina porque a afasta de uma mentalidade favorável ao rigor científico que se possa obter por meio de definições *substantivas* e proposições *explicativas* (se possível, causais). A despeito das diferenças de objeto, há metodologicamente muito a aprender de ciências substantivas relativamente desenvolvidas.

No que tange a divisões geracionais na Sociologia do Direito, não parecem ser muito significativas. Todavia, uma nova geração de sociólogos do direito latino-americanos parece ser mais ideologicamente preocupada com ação social imediata e menos incomodada com uma crise teórica na disciplina.

3. Das respostas dadas às duas questões prévias, os estudos sociojurídicos mostram-se como constituindo uma disciplina, ou um campo, ou um projeto interdisciplinar, ou alguma coisa mais? Quais poderiam ser suas grandes dicotomias, seus conteúdos, seus métodos, seus objetivos?

Os estudos sociojurídicos constituem um campo de conhecimento (abrangendo várias disciplinas, inclusive a Sociologia do Direito) e, ao mesmo tempo, tendem a ser um projeto interdisciplinar. A Sociologia do Direito é uma disciplina e se deveria abrir à interdisciplinaridade, se se deseja alargar seus horizontes e seu poder criativo.

144 CLÁUDIO SOUTO

Do ponto de vista científico, a dicotomia mais importante da Sociologia do Direito seria a distinção entre Sociologia do Direito Teórica e Aplicada. Embora toda a Sociologia Jurídica represente conhecimento aplicado (aplicado ao direito) com relação à Sociologia Geral, parece válida uma distinção interna entre definições e proposições mais gerais (Sociologia do Direito Teórica) e definições e proposições menos gerais (Sociologia do Direito Aplicada).

A Sociologia do Direito Teórica teria de enfrentar problemas gerais, tais como a definição substantiva do direito como fenômeno social, a distinção substantiva entre direito, justiça, moralidade e eqüidade, todos vistos como fenômenos sociais, a relação genérica entre direito e controle social, entre direito e mudança social, entre direito e sociedade etc. A Sociologia Aplicada do Direito tem inúmeros conteúdos, mas se poderia dizer que eles se resumiriam como o estudo das relações entre formas coercíveis (das quais o direito é, ou tende a ser, conteúdo) e sociedade.

Os métodos da Sociologia do Direito são basicamente os mesmos de qualquer ciência empírica, indução e dedução, acompanhadas por técnicas de pesquisa social empírica: amostragem, observação, entrevista, questionário, análise documental, estudo de caso, experimento (inclusive experimento de laboratório), etc. A metodologia funcional e a dialética decerto não estão excluídas.

Os objetivos de uma Sociologia do Direito metodologicamente rigorosa se reduzem a descrever e explicar seu objeto. Quanto mais objetiva, e conseqüentemente quanto menos ideológica for uma Sociologia do Direito, tanto mais as ideologias do benefício geral serão capazes de aplicar à realidade social um conhecimento confiável.

Bibliografia

ADEODATO, João Maurício Leitão. *O Problema da Legitimidade: no Rastro do Pensamento de Hannah Arendt*. Rio de Janeiro: Editora Forense Universitária,1989.

——. "Para uma Conceituação do Direito Alternativo". *Revista de Direito Alternativo*, Nº 1, pp. 157-174. São Paulo: Editora Acadêmica, 1992.

AGUIAR, Roberto A. R. de. "O Imaginário dos Juristas". *Revista de Direito Alternativo*, Nº 2, pp. 18-27. São Paulo: Editora Acadêmica, 1993.

——. "Significação do Direito no Planejamento Estratégico Alternativo para o Brasil". *Direito em Debate*. Ano IV, Nº. 4, setembro, pp. 9-28, 1994.

ALDRUP, Dieter. "Der intelligenzunterminierende Einfluss der angewandten Mathematik auf die Wirtschaftswissenschaft". *In Probleme der Erklärung sozialen Verhaltens*. Klaus Eichner, Werner Habermehl (Hrsg.), pp. 174-213. Meisenheim am Glan: Verlag Anton Hain, 1977.

ANDRADE, Lédio Rosa de. "Processo Social Alternativo". *In* Edmundo Lima de Arruda Jr. (org.), *Lições de Direito Alternativo 2*, pp. 80-94. São Paulo: Editora Acadêmica, 1992.

ARGÜELLO, Katie Silene Cáceres. "Informatização e Cidadania: Elementos para uma Reflexão sobre o Direito ao Trabalho". *In* Edmundo Lima de Arruda Júnior (org.), *Lições de Direito Alternativo do Trabalho*, pp. 165-177. São Paulo: Editora Acadêmica, 1993.

ARNAUD, André-Jean. *O Direito Traído pela Filosofia*. Tradução de Wanda de Lemos Capeller e Luciano Oliveira. Porto Alegre: Sergio Antonio Fabris Editor, 1991.

——. *Pour une Pensée Juridique Européenne*. Paris: Presses Universitaires de France,1991.

——; BONAFÉ-SCHMITT, Jean-Pierre. "Alternatif (Droit-) - Alternative (Justice-)" *In Dictionnaire Encyclopédique de Théorie et de Socio-*

logie du Droit, sous la direction de André-Jean Arnaud, pp. 11-13. Paris: Librairie Générale de Droit et de Jurisprudence, 1993.

ARRUDA JR., Edmundo Lima de. "Direito Alternativo - Notas sobre as Condições de Possibilidade". *In* Edmundo Lima de Arruda Jr. (org.), *Lições de Direito Alternativo,* pp. 71-98, São Paulo: Editora Acadêmica,1991.

——. "Direito Alternativo no Brasil: Alguns Informes e Balanços Preliminares". *In* Edmundo Lima de Arruda Jr. (org.), *Lições de Direito Alternativo 2,* pp. 159-177. São Paulo: Editora Acadêmica, 1992.

——. *Introdução à Sociologia Jurídica Alternativa* (Ensaios sobre o Direito numa sociedade de classes). São Paulo: Editora Acadêmica,1993.

BAPTISTA, José Cláudio. *Dogmatismo Jurídico em Análise Crítica.* João Pessoa: Empório dos Livros, 1993.

BERGALLI, Roberto. "Usos y Riesgos de Categorias Conceptuales: Conviene seguir empleando la expresión 'uso alternativo del derecho'?" *Revista de Direito Alternativo,* n⁰ 1, pp. 19-36. São Paulo: Editora Acadêmica, 1992.

BEYLEVELD, Derick, e BROWNSWORD, Roger. "Les Implications de la Théorie du Droit Naturel en Sociologie du Droit". *Droit et Société,* nº 13, pp. 389-414, 1989.

BINETTI, Saffo Testoni. "Iluminismo". *In* Norberto Bobbio, Nicola Matteucci e Gianfranco Pasquino, *Dicionário de Política.* Trad. de João Ferreira, Carmem C. Varriale e outros, pp. 605-611. Brasília: Editora Universidade de Brasília, 1986.

CAMPILONGO, Celso Fernandes. "Justiça Alternativa". *Revista de Direito Alternativo,* nº 1, pp. 53-56. São Paulo: Editora Acadêmica, 1992.

——. "Fênix e o Eterno Retorno: A Dialética entre a 'Imaginação Criminológica' e a Força do Estado". *In* Edmundo Lima de Arruda Jr. (org.), *Lições de Direito Alternativo 2,* pp. 63-79. São Paulo: Editora Acadêmica, 1992.

CAPELLER, Wanda. "(Dé)colonisation Culturelle ou 'l'habitude de singer tout ce qui est étranger': Réflexions sur le Postmodernisme dans un Pays Tropical". *Cahiers CIRESS* (Centre Interdisciplinaire d'Études sur les Systèmes Sociaux de l'Université de Sciences Sociales de Toulouse), Octobre, pp. 12-22, 1995.

CAPPELLETTI, Mauro. *Juízes Legisladores?* Tradução de Carlos Alberto Alvaro de Oliveira. Porto Alegre: Sergio Antonio Fabris Editor, 1993.

CARRION, Eduardo Kroeff Machado. "O Poder Judiciário, o Juiz e a Lei". *Revista de Direito Alternativo,* nº 1, pp. 65-70. São Paulo: Editora Acadêmica, 1992.

CARTY, Anthony (1989). "Du Post-modernisme en Théorie et en Sociologie du Droit, ou Rousseau et Durkheim lus par Baudrillard". *Droit et Société*, nº 13, pp. 375-387, 1989.

CARVALHO, Amilton Bueno de. "Lei nº 8.009/90 e o Direito Alternativo". *In* Edmundo Lima de Arruda Jr. (org.), *Lições de Direito Alternativo*, pp. 53-70. São Paulo: Editora Acadêmica, 1991.

CLÈVE, Clèmerson Merlin. "Uso Alternativo do Direito e Saber Jurídico Alternativo". *In* Edmundo Lima de Arruda Jr. (org.), *Lições de Direito Alternativo*, pp. 99-120. São Paulo: Editora Acadêmica, 1991.

COELHO, Luiz Fernando. *Teoria Crítica do Direito*. Curitiba: Livros HDV, 1987.

CORREAS, Oscar. "Los Derechos Humanos Subversivos". *Revista de Direito Alternativo*, nº 2, pp. 9-17. São Paulo: Editora Acadêmica, 1993.

CORSALE, Massimo. "Alcuni Nodi Teorici del Modello Pluralistico". *Sociologia del Diritto*, XXI/1994/I, pp. 15-29, 1994.

COWAN, Thomas A. "Reflections on Experimental Jurisprudence". *Archiv für Rechts-und Sozialphilosophie*, Band XLIV, pp. 465-474, 1958.

DANTAS, Ivo. *Constituição Federal: Teoria e Prática*. Vol. I. Rio de Janeiro: Renovar, 1994.

DURKHEIM, Émile. *Sociologie et Philosophie*. Paris: Librairie Félix Alcan, 1924.

———. *De la Divison du Travail Social*. Paris: Presses Universitaires de France, 1960a.

———. *Le Suicide, Étude de Sociologie*. Paris: Presses Universitaires de France, 1960b.

———. *Les Règles de la Méthode Sociologique*. Paris: Presses Universitaires de France, 1968.

———. *As Regras do Método Sociológico*. Tradução de Maria Isaura Pereira de Queiroz. São Paulo: Companhia Editora Nacional, 1972.

———. "Textes Inédits ou Inconnus d'Émile Durkheim", réunis par Philippe Besnard. *Revue Française de Sociologie*, v. XVII, nº 2, avril-juin, pp. 165-196, 1976.

EHRLICH, Eugen. *Grundlegung der Soziologie des Rechts*. München und Leipzig: Verlag von Duncker & Humblot, 1929.

EINSTEIN, Albert. *Escritos da Maturidade*. Tradução de Maria Luiza X. de A. Borges. Rio de Janeiro: Editora Nova Fronteira, 1994.

ETZIONI, Amitai. *The Active Society: A Theory of Societal and Political Processes*. London-New York: Collier-Macmillan Limited-The Free Press, 1971.

FALCÃO, Joaquim. "O Desequilíbrio entre a Demanda da Sociedade Civil e a Oferta do Poder Judiciário". *São Paulo em Perspectiva*, 8(2), pp. 26-32, 1994.

FARIA, José Eduardo. "As Transformações do Judiciário em face de suas Responsabilidades Sociais". *Revista de Direito Alternativo*, nº 2, pp. 35-46. São Paulo: Editora Acadêmica, 1993.

———. *Direito e Economia na Democratização Brasileira*. São Paulo: Malheiros Editores, 1993.

FREEDMAN, Jonathan L., CARLSMITH, J. Merril e SEARS, David O. *Psicologia Social*. Tradução de Álvaro Cabral. São Paulo: Editora Cultrix Ltda, 1975.

GENRO, Tarso Fernando. "Os Juízes contra a Lei". *In* Edmundo Lima de Arruda Jr. (org.), *Lições de Direito Alternativo*, pp. 17-27. São Paulo: Editora Acadêmica, 1991.

GÓMEZ, Jesús Antonio Muñoz. "Reflexiones sobre el Uso Alternativo del Derecho". *El Otro Derecho*. Bogotá: Temis - Ilsa, nº 1, agosto, pp. 43-62, 1988.

GRIFFIN, Donald R. "Progress toward a Cognitive Ethology". *In* Carolyn A. Ristau (ed.), *Cognitive Ethology: the Minds of Other Animals* (essays in honor of Donald R. Griffin), pp. 3-17. Hillsdale, New Jersey - Hove and London: Lawrence Erlbaum Associates, Publishers, 1991.

GUEDES, Neviton de Oliveira Batista. "O 'Uso Alternativo' do Direito". *In* José Geraldo de Sousa Júnior (org.), *O Direito Achado na Rua*, pp. 93-94. Brasília: Editora Universidade de Brasília, 1987.

GUERRA FILHO, Willis Santiago. "Estado de Direito e Judiciário na Pós-Modernidade". *Nomos*, Revista do Curso de Mestrado em Direito da UFC, vols. 11/12, número 1/2, jan./dez., pp. 13-29, 1992/1993.

GURVITCH, Georges. "Problèmes de Sociologie du Droit". *In Traité de Sociologie*. V. II, pp. 173-206. Paris: Presses Universitaires de France, 1960.

HEISENBERG, Werner. *Physik und Philosophie*. Frankfurt am Main: Ullstein, 1986.

HENCKEL, Hans-Joachim. *Zivilprozess und Justizalternativen in Brasilien: Recht, Rechtspraxis, Rechtstatsachen - Versuch einer Beschreibung*. Frankfurt em Main, Bern, New York, Paris: Peter Lang, 1991.

HERKENHOFF, João Baptista. *Curso de Direitos Humanos*, Volume I (Gênese dos Direitos Humanos). São Paulo: Editora Acadêmica, 1994

HOFSTÄTTER, Peter R. *Psychologie*. Frankfurt am Main: Fischer Taschenbuch Verlag. 1981.

IMMELMANN, Klaus. "Instinkt", "Instinktiv", "Motivation", "Trieb". In Wöterbuch der Verhaltensforschung, pp. 121-122, 122-123, 159-160 e 244. Berlin-Hamburg: Verlag Paul Parey, 1982.

JUNQUEIRA, Eliane Botelho. "O Alternativo regado a Vinho e a Cachaça". In Edmundo Lima de Arruda Jr. (org.) . Lições de Direito Alternativo 2, pp. 95-114. São Paulo: Editora Acadêmica, 1992.

——. A Sociologia do Direito no Brasil: Introdução ao Debate Atual. Rio de Janeiro: Editora Lumen Juris, 1993.

——; CAPELLER, Wanda Maria de Lemos. "Alternatif (Droit -; Justice -): quelques expériences en Amérique Latine". In Dictionnaire Encyclopédique de Théorie et de Sociologie du Droit, sous la direction de André-Jean Arnaud, pp. 19-20. Paris: Librairie Générale de Droit et de Jurisprudence, 1993.

KROHNE, Heinz Walter. "Instinkt". In Lexikon zur Soziologie, herausgegeben von W. Fuchs, R. Klima, R. Lautmann, O. Rammstedt, H. Wienold, p. 344. Opladen: Westdeutscher Verlag, 1978.

LADEUR, Karl-Heinz . " 'Abwägung' - ein neues Rechtsparadigma? Von der Einheit der Rechtsordnung zur Pluralität der Rechtsdiskurse". Archiv für Rechts - und Sozialphilosophie 69, pp. 463-483, 1983.

——. "Perspektiven einer post-modernen Rechtstheorie: Zur Auseinandersetzung mit N. Luhmanns Konzept der 'Einheit des Rechtssystems'". Rechtstheorie 16, pp. 383-427, 1985.

——. " 'Prozedurale Rationalität' - Steigerung der Legitimationsfähigkeit oder der Leitungsfähigkeit des Rechtssystems?" Zeitschrift für Rechtssoziologie 7, pp. 265-274, 1986.

——. Postmoderne Rechtstheorie: Selbstreferenz - Selbstorganisation - Prozeduralisierung. Berlin: Duncker & Humblot, 1992.

LAIDLER, Harry W. Historia del Socialismo. Trad. por Felipe Villaverde. Tomo I. Bilbao - Madrid - Barcelona: Espasa - Calpe, S.A., 1933.

LIMA, Miguel Alves. "O 'Direito Alternativo' e a Dogmática Jurídica". In Edmundo Lima de Arruda Jr. (org.), Lições de Direito Alternativo 2, pp. 42-54. São Paulo: Editora Acadêmica, 1992.

LOPES, José Reinaldo de Lima. "Voltar à Teoria da Justiça?" Revista de Direito Alternativo, nº 1, pp. 71-76. São Paulo: Editora Acadêmica, 1992.

LUHMANN, Niklas. Rechtssoziologie. Opladen: Westdeutscher Verlag, 1983.

——. "The Self-Reproduction of the Law and its Limits". In Felippe Augusto de Miranda Rosa (org.), Direito e Mudança Social, pp. 107-128. Rio de Janeiro: OAB-UERJ/Edições Achiamé Ltda., 1984.

TEMPO DO DIREITO ALTERNATIVO **151**

————. *Das Recht der Gesellschaft*. Frankfurt am Main: Suhrkamp Verlag, 1993.

LUNDBERG, Ulrich. "Handlungsbereitschaft", " Instinkt", "Instinkttheorie des Verhaltens". *In Verhaltensbiologie* (Wörterbücher der Biologie), herausgegeben von Rolf Gattermann in Zusammenarbeit mit Hans-Jürgen Hoffmann *et al.*, pp. 125-126, 142 e 143. Jena: Gustav Fischer Verlag, 1993.

LYOTARD, Jean-François. *La Condition Postmoderne, Rapport sur le Savoir*. Paris: Les Editions de Minuit, 1988.

LYRA FILHO, Roberto. *Para um Direito sem Dogmas*. Porto Alegre: Sergio Antonio Fabris Editor, 1980.

MANNING, Aubrey. *Introdução ao Comportamento Animal*. Tradução de Fernando Leite Ribeiro e Ruth Pazera. Rio de Janeiro-São Paulo: Livros Técnicos e Científicos Editora, 1979.

MARQUES NETO, Agostinho Ramalho. "Direito Alternativo e Marxismo - Apontamentos para uma Reflexão Crítica". *Revista de Direito Alternativo*, nº 1, pp. 37-53. São Paulo: Editora Acadêmica, 1992.

MAZZILLI, Hugo Nigro. *O Ministério Público na Constituição de 1988*. São Paulo: Editora Saraiva, 1989.

McLELLAN, David. *Karl Marx: Vida e Pensamento*. Trad. de Jaime A. Clasen. Petrópolis, RJ: Vozes, 1990.

MELO, Osvaldo Ferreira de. *Fundamentos da Política Jurídica*. Porto Alegre: Sergio Antonio Fabris Editor/CPGD-UFSC, 1994.

MONTMOLLIN, Germaine de. "L'Interaction Sociale das les Petits Groupes". *In* Paul Fraisse et Jean Piaget (eds.), *Traité de Psychologie Expérimentale*. Vol. IX, pp. 1-58. Paris: Presses Universitaires de France, 1965.

NADER, Paulo. *Filosofia do Direito*. Rio de Janeiro: Editora Forense, 1991.

NASCIMENTO, Melillo Dinis do. "Elementos para uma Hermenêutica Jurídica Popular (O 'Uso Alternativo' do Direito)". *Revista de Direito Alternativo*, nº 3, pp. 44-63. São Paulo: Editora Acadêmica, 1994.

NEVES, Marcelo. "Da Autopoiese à Alopoiese do Direito". *Anuário do Mestrado em Direito*, Universidade Federal de Pernambuco, nº 5, pp. 273-298, 1992a.

————. *Verfassung und Positivität des Rechts in der peripheren Moderne: eine theoretische Betrachtung und eine Interpretation des Falls Brasilien*. Berlin: Duncker & Humblot, 1992b.

————. "Do Pluralismo Jurídico à Miscelânea Social: o Problema da Falta de Identidade da(s) Esfera(s) de Juridicidade na Modernidade Periférica e suas Implicações na América Latina". *Anuário do Mestrado em Direito*, Universidade Federal de Pernambuco, nº 6, pp. 313-357, 1993.

NÖTH, Wilhelm. *Rechtssoziologie: Inhalte und Probleme im Überblick*. Pfaffenweiler: Centaurus Verlagsgesellschaft, 1993.

OLIVEIRA, Luciano. "Ilegalidade e Direito Alternativo: Notas para Evitar alguns Equívocos". *In* Álvaro Azevedo *et al.* (orgs.), *Ensino Jurídico: Diagnósticos, Perspectivas e Propostas*. Brasília: Conselho Federal da OAB, 1992.

———. "Ética e Determinação Sociológica em Tempos Sombrios: Uma Breve Reflexão". *Direito em Debate*. Ano IV, nº 4, setembro, pp. 65-71, 1994.

OPP, Karl Dieter. "The Individualistic Research Program in Sociology". *In* Gerhard Radnitzsky (ed.), *Centripetal Forces in the Sciences*. Vol. II, pp. 208-224. New York: Paragon House, 1988.

PAULON, Carlos Artur. "O Progresso da Ordem e o Direito Alternativo". *In* Doreodó Araujo Lyra (org.), *Desordem e Processo: Estudos sobre o Direito em Homenagem a Roberto Lyra Filho, na ocasião de seu 60º aniversário*, pp. 223-229. Porto Alegre: Sergio Antonio Fabris Editor, 1986.

PINTO FERREIRA. *Comentários à Constituição Brasileira*. 1º Volume. São Paulo: Editora Saraiva, 1989.

PRESSBURGER, Miguel. *Um Trabalhador fala: o Direito, a Justiça e a Lei*. Rio de Janeiro: AJUP, 1988.

———. "Direitos Humanos e Serviços Legais Alternativos". *In* Edmundo Lima de Arruda Jr. (org.), *Lições de Direito Alternativo 2*, pp. 55-62. São Paulo: Editora Acadêmica, 1992.

RAISER, Thomas. *Rechtssoziologie*. Frankfurt am Main: Alfred Metzner Verlag, 1987.

REALE, Miguel. "Invariantes Axiológicas". *Estudos Avançados* 5(13), pp. 131-144, 1991.

ROCHA, J. Elias Dubard de Moura. *Poderes do Estado e Ordem Legal*. Recife: Editora Universitária da UFPE, 1994.

RODRIGUES, Horácio Wanderlei. "Por um Ensino Alternativo do Direito: Manifesto Preliminar". *In* Edmundo Lima de Arruda Jr. (org.), *Lições de Direito Alternativo*, pp. 143-154. São Paulo: Editora Acadêmica, 1991.

———. "Direito com que Direito?". *In* Edmundo Lima de Arruda Jr. (org.), *Lições de Direito Alternativo 2*, pp. 178-207. São Paulo: Editora Acadêmica, 1992.

RÖHL, Klaus F. *Rechtssoziologie*. Köln - Berlin - Bonn - München: Carl Heymanns Verlag, 1987.

RORTY, Richard. *Objectivity, Relativism, and Truth: Philosophical Papers*. Volume I. Cambridge University Press, 1991.

ROUANET, Sergio Paulo. "Do Pós-Moderno ao Neo-Moderno". *Revista Tempo Brasileiro*, 84, janeiro-março, pp. 86-98, 1986.

RUDY, Zvi. "Instinkt, Naturtrieb, Instinkttheorie". *In Wörterbuch der Soziologie*, herausgegeben von Wilhelm Bernsdorf unter Mitarbeit von Horst Knospe, pp. 464-466. Stuttgart: Ferdinand Enke Verlag, 1969.

SANTOS, Boaventura de Sousa. "Law: A Map of Misreading. Toward a Postmodern Conception of Law". *Journal of Law and Society*, Volume 14, Number 3, Autumn, pp. 279-302, 1987.

———. *Introdução a uma Ciência Pós-Moderna*. Porto: Edições Afrontamento, 1989.

SCHOECK, Helmut. "Instinkt". *In Soziologisches Wörterbuch*, pp. 165-166. Freiburg im Breisgau: Herderbücherei, 1972.

SHELDRAKE, Rupert. *Das Gedächtnis der Natur: Das Geheimnis der Entstehung der Formen in der Natur*. Übersetzung von Jochen Eggert. Bern, München, Wien: Scherz, 1992.

SHILS, Edward. "The Concept and Function of Ideology". In *International Encyclopedia of the Social Sciences*. David L. Sills (ed.). Volume 7. New York - London: The Macmillan Company & The Free Press, Collier - Macmillan Publishers, pp. 66-76, 1972.

SILVA FRANCO, Alberto *et al.* *Código Penal e sua Interpretação Jurisprudencial*. São Paulo: Editora Revista dos Tribunais, 1990.

SOUTO, Antonio. "Um Modelo Teórico Alternativo para explicar os 'Mecanismos' da Distância Social em Grupos de Animais Superiores". *Ciência e Trópico*, vol. 19, n° 2, jul./dez., pp. 303-309, 1991.

SOUTO, Cláudio. "La Recherche Comparative comme Instrument de la Communauté de Droit des Nations". *In Problèmes Contemporains de Droit Comparé*. Tome Deuxième. Tokio: Institut Japonais de Droit Comparé, Université Chuo, pp. 445-470, 1962.

———. *Fundamentos da Sociologia Jurídica*. Recife: Edições da Universidade Católica de Pernambuco (Faculdade de Direito). 1968.

———. *Introdução ao Direito como Ciência Social*. Rio de Janeiro - Brasília: Edições Tempo Brasileiro - Editora Universidade de Brasília, 1971.

———. *Teoria Sociológica Geral*. Porto Alegre: Editora Globo, 1974.

———. "Teoria Geral do Social: Uma Tentativa de Explicação Axiomatizada". *Revista Brasileira de Sociologia*. Vol. II, n°s. 1 e 2, janeiro-dezembro, pp. 43-62, 1976.

———. *Allgemeinste wissenschaftliche Grundlagen des Sozialen*. Wiesbaden: Franz Steiner Verlag, 1984.

———. *O Que é Pensar Sociologicamente*. São Paulo: Editora Pedagógica e Universitária Ltda. (E.P.U.), 1987.

———. "Axiomatic Reason in Sociology and in Sociology of Law". *In* Carla Faralli and Enrico Pattaro (eds.), *Reason in Law*, Proceedings of the Conference held in Bologna, 12-15 December 1984. Vol. III, pp. 103-128. Milano: Dott. A. Giuffrè Editore, 1988.

———. "Por uma Teoria Científico-Social Moderna do Direito". *In Studi in Memoria di Giovanni Tarello*. V. II: Saggi Teorico-Giuridici, pp. 535-563. Milano: Dott. A. Giuffrè Editore, 1990.

———. *Ciência e Ética no Direito: uma alternativa de modernidade*. Porto Alegre: Sergio Antonio Fabris Editor, 1992.

———. "Beyond the Selfsufficiency of Collectivistic Approaches in Social Thought". *Archiv für Rechts-und Sozialphilosophie*, Vol. 80, 2. Quartal, Heft 2, pp. 246-251, 1994.

———; FALCÃO, Joaquim. "A Ciência Empírica na Prática Forense Brasileira". *In* Cláudio Souto e Joaquim Falcão (orgs.), *Sociologia e Direito, Leituras Básicas de Sociologia Jurídica*, pp. 313-345. São Paulo: Livraria Pioneira Editora, 1980.

———; SOUTO, Solange. *Sociologia do Direito*. São Paulo: Livros Técnicos e Científicos Editora - Editora da Universidade de São Paulo, 1981.

SOUTO MAIOR BORGES, José. "O Direito como Fenômeno Lingüístico, o Problema de Demarcação da Ciência Jurídica, sua Base Empírica e o Método Hipotético-Dedutivo". *Anuário do Mestrado em Direito*, Universidade Federal de Pernambuco, nº 4, pp. 11-58, 1988.

SOUZA JÚNIOR, José Geraldo de. "Movimentos Sociais - Emergência de Novos Sujeitos: O Sujeito Coletivo de Direito". *In* Edmundo Lima de Arruda Jr. (org.), *Lições de Direito Alternativo*, pp. 131-142. São Paulo: Editora Acadêmica, 1991.

TEUBNER, Gunter. *Recht als autopoietisches System*. Frankfurt am Main: Suhrkamp Verlag, 1989.

WEBER, Max. *Rechtssoziologie*. Aus dem Manuskript herausgegeben und eingeleitet von Johannes Winckelmann. Neuwied: Hermann Luchterhand Verlag, 1960.

———. *Wirtschaft und Gesellschaft: Grundriss der verstehenden Soziologie*. Fünfte, revidierte Auflage, besorgt von Johannes Winckelmann. Tübingen: J.C.B. Mohr (Paul Siebeck), 1972.

WOLF, Erik. "Rechtswissenschaft". *In Staatslexikon. Recht, Wirtschaft, Gesellschaft*. Sechster Band, pp. 738-748. Freiburg: Verlag Herder, 1961.

WOLKMER, Antonio Carlos. "Contribuição para o Projeto da Juridicidade Alternativa". *In* Edmundo Lima de Arruda Jr. (org.), *Li-*

ções de Direito Alternativo, pp. 28-52. São Paulo: Editora Acadêmica, 1991.

———. "Direito Comunitário Alternativo: Elementos para um Ordenamento Teórico-Prático". In Edmundo Lima de Arruda Jr. (org.), Lições de Direito Alternativo 2, pp.126-144. São Paulo: Editora Acadêmica, 1992.

———. Pluralismo Jurídico: Fundamentos de uma Nova Cultura no Direito. São Paulo: Editora Alfa Omega, 1994.

Av. Plínio Brasil Milano, 2145
Fone 341-0455 - P. Alegre - RS